KB018911

청소년을 위한
인권 수업

노동

젠더

청소년을
위한

인권 * 수업

박혜영, 천선영, 김희교, 강혜숙, 김성환 글

내가 살아가는 공간에서
일어나는 차별과 혐오

인종차별
금지

혐오발언
아웃

차별금지법
제정

인종
차별

장애

국가폭력

경 찰
POLICE

보리

지금 우리 사회가
바라는 꿈은
무엇일까요?

대학을 갓 들어온 신입생에게 꿈이 무엇이냐고 묻곤 합니다. 대부분 돈을 많이 버는 직업을 말합니다. 돈을 많이 벌어 무엇을 할 것이냐고 다시 한 번 물어봅니다. 대개 바로 답을 못 하는 경우가 많습니다. 구체적으로 생각해 본 적이 없기 때문입니다. 돈을 벌고 싶지만 돈을 벌어서 무엇을 할 것인지는 별로 생각해 본 적이 없는 것입니다. 직업이 꿈이 되어 버린 시대의 자화상입니다.

시간을 준 다음 돈을 벌어 하고 싶은 일을 적어 보라고 하면, 대개 많이들 하는 대답은 유럽에 가 보고 싶다고 합니다. 언제부터인가 유럽은 우리 청년들이 가장 동경하는 지역이 되었습니다. 상상하는 유럽과 실제의 유럽은 차이가 날 수 밖에 없습니다만, 지금까지 유럽은 우리 청년들이 부러워할 만한 공간인 것은 틀림없습니다.

아쉬운 것은 유럽을 가 보고 싶은 청년들만큼 우리나라를 유럽과 같은 나라로 만들고 싶다고 하는 청년은 적다는 사실입니다. 아무리 일을 해도 '최소한의 권리조차 얻지 못하는 이들을 위해서' 최소한의 주거 시설을 만들어 주고 싶다는 청년들도 보기 힘듭니다. 장애인도 편하게 묵을 수 있는 숙박 시설을 만들어 보고 싶다거나, 성별이나 피부 색깔, 국적에 상관없이 모두가 어울려 잘 살 수 있는 국가를 만드는 것이 꿈인 청년도 많지 않습니다.

개인에게 꿈이 있듯 나라에도 꿈이 있습니다.《청소년을 위한 인권 수업》은 청소년들과 우리가 살아가는 사회가 어떠한 모습이면 좋을지 이야기해 보고자 기획했습니다. 유럽의 꿈은 국경을 없애고 아무나 쉽게 다른 나라를 오가는 것이었습니다. 분단된 독일의 꿈은 통일이었지요. 14억 명이나 사는 중국의 오랜 꿈은 굶는 사람이 없는 나라를 만드는 것이었습니다. 전 국토가 사막인 사우디아라비아의 꿈은 물 걱정 없이 살 수 있는 나라를 만드는 것이었고 네옴시티 건설로 그 꿈을 이루어 나가고자 하는 중입니다.

지금 우리 사회가 바라는 꿈은 무엇일까요? 국외 문제로는 유럽처럼 기차를 타고 다른 나라로 갈 수 있는 평화로운 나라를 만드는 것을 가장 먼저 꼽을 수 있습니다. 국내로는 남성이건 여성이건, 장애가 있건 없건, 노동자이건 아니건, 한국인이건 외국인이건 간에 차별 없이 동등하게 보호받는 사회를 만드는 것입니다. 최근에 새로 생겨나는 꿈들도 있습니다. 지중해처럼 맑은 하늘을 날마다 보고 사는 것도 하나일 것입니다.

이 책은 최소한의 인권이 보장되는 우리 사회를 꿈꾸는 저자들이 모여 청소년들과 그것을 만들어 나갈 방법을 같이 이야기해 보고자 기획되었습니다. 지금 가장 시급히 해결해야 할 다섯 가지 문제를 뽑았습니다. 노동, 젠더, 인종 차별, 장애, 국가폭력이 그것입니다.

사실 이 다섯 가지 인권 문제는 책 한 권으로 다루기는 너무 큰 주제입니다. 우리 사회의 시민이 될 청소년에게 인권의 핵심 과제를 두루 이야기해 볼 좋은 이야깃거리가 없을까. 그래서 주목한 것이 공간입니다.

이 책을 쓰기 위해 모인 저자들은 그동안 자기 분야에서 인권 문제를 해결하기 위해 법과 제도를 만들고 관습을 타파하는 쪽으로 싸워 왔습니다. 저자들뿐만 아니라 우리나라 인권 운동가들이 대체로 그래 왔습니다. 그러나 어느 순간부터 법과 제도, 그리고 관습을 넘어서는 새로운 어려움이 나타났습니다. 인권 운동의 사각지대가 공간이라는 형태로 등장한 것입니다.

남영동대공분실은 대표적인 인권 운동 사각 지역의 상징과 같은 공간입니다. 그곳은 법과 제도를 초월하여 존재했습니다. 국가는 지금도 그런 공간들을 만들어 나가고 있습니다. 사회도 마찬가지입니다. 수많은 싸움으로 많은 법들이 만들어졌지만 장애인들이 접근하기 어려운 공간은 여전히 너무 많습니다.

더욱 심각한 일은, 가난이나 인종을 기준으로 나누어지는 공간의 사각지대가 생겨난다는 것입니다. 비싼 아파트들은 이중 삼중의 잠금장치를 해서 그들만의 공간을 만들어 갑니다. 가난하거나 가난한 외국인 노동자들이 모여 사는 곳은 혐오의 공간이 됩니다. 법은 오히려 이 혐오를 방관하고 있지요. 공간의 문제가 곧 인권의 문제가 되고 있습니다.

자기가 살아가는 공간에서라도 최소한의 인권을 보장하기 위해 노력해야 할 것입니다. 이 책이 모두에게 최소한의 권리가 보장되는 사회를 만들고자 노력하는 청소년들이 많이 나타나는 데 조금이라도 보탬이 되었으면 합니다.

김희교

여는 글 지금 우리 사회가 바라는 꿈은 무엇일까요? — 김희교 · 004

노동 어디에서든 일하는 나를 지키기 위한 노동 인권

박혜영 · 011

꿈과 현실은 너무 다르던데요? · 013　빠르게 변화하는 노동 환경, 보호받지 못하는 노동 인권 · 016　가상 공간을 만드는 현실의 노동자에게도 노동 인권이 필요해! · 019　IT 업계에 노동조합 바람을 일으킨 '공동성명' · 024　유명 유튜버에 고용된 사람들을 지켜라! '근로기준법' · 026　편의점 아르바이트생들이 묻기 시작한 '최저임금' · 029　플랫폼 노동자들이 만드는 '노동조합' · 033

젠더 젠더로 읽는 우리 삶의 공간

천선영 · 039

사람의 몸을 하나의 공간으로 생각해 본다면 보이는 것들 · 043　집은 성중립적인 공간일까? · 048　'여성 우선 주차장'을 '가족 배려 주차장'으로 바꾼다고요? · 051　모두를 위한 화장실 · 057　강남역 그리고 신당역, '나일 수도 있었다' · 060

인종 차별 차별과 혐오를 넘어서서 우리는 누구나 소우주

김희교 · 067

지금 여기는 BTS의 나라! · 070　피부나 색깔에 따라 사람을 차별한다고요? · 073　'식민주의'에서 시작된 '인종주의' · 076　만보산 사건과 짱깨, 식민지 조선에서 시작된 우리 안의 인종주의 · 080　가난과 인종주의가 결합해 만들어진 차별의 공간, '차이나타운'과 '대림동' · 084　차별과 혐오를 없애고 BTS의 나라가 되기 위해 · 091

장애 장애인이 살기 좋은 세상은 모두에게 좋은 세상

강제숙 · **097**

야학 교사에서 시작된 인권 운동 · **100**   장애인 자립 생활의 든든한 기초가 되는 집 · **103**   '시설에서 지역으로' 관점을 바꾸기 · **106**   휠체어 타고 학교에도 갈래요! · **109**   세상 밖으로 떠나는 장애인의 여행 · **112**   나만의 평화가 아닌 모두의 평화를 위해 · **117**

국가폭력 국가폭력 없는 민주주의를 이루는 길

김성환 · **121**

국가가 폭력을 휘두른다고요? · **124**   국가폭력의 단계, 회유와 협박 그리고 격리 · **126**   정부에 비판적인 사람을 사찰하고 조사하는 시설, '대공분실' · **130**   국가폭력으로 죽음에 이른 임기윤 목사 · **136**   공공연하게 벌어지는 국가폭력, 그런 게 있을까? · **142**   국가폭력이 되풀이되지 않게 하기 위해 '기억문화'를 만들자 · **147**

노동
박혜영

어디에서든 일하는
나를 지키기 위한 노동 인권

박혜영　공인노무사이며 강릉 사는 노동자. 서울에 있는 시민단체 '노동건강연대'에서 십년 정도 사람이 왜 일하다가 죽고 다치는지를 연구하고, 현장을 찾아다니고 기록하며, 법과 제도를 바꾸기 위한 다양한 활동을 했습니다. 직장 내에서 벌어지는 '갑질'에 문제의식을 느끼고 시민단체 '직장갑질119' 설립에 참여했습니다. 서울에서 강릉으로 건너와, 노무법인 참터 영동지사를 꾸리고, 강원도 노동자들과 함께 '강릉노동인권센터'를 열었습니다.

여럿이 함께 쓴 책으로는 《이것도 산재예요?》《청년노동서바이벌, 직장에서 살아남는 법》《알아두면 쓸모 있는 노동과 건강》이 있습니다. 뒤의 두 책은 노동건강연대 홈페이지(http://laborhealth.or.kr/)에서 무료로 다운받을 수 있습니다.

한 고등학교에 노동 인권 강의를 하러 갔어요. 세 가지 질문을 했습니다.

　① 하고 싶은 일(직업)은 무엇인가요?

　② 한 달에 받고 싶은 월급은 얼마인가요?

　③ 올해 최저임금이 얼마일까요?

꿈과 현실은 너무 다르던데요?

학생들이 하고 싶은 일은 정말 다양했어요. 출판사에서 일하고 싶다던 학생은 책을 좋아해서 그 책을 만들면 얼마나 행복할지를 말했고, 게임 개발자가 되겠다던 학생은 자기가 게임 중독자라고 고백하며 게임을 하는 것과 만드는 것이 어떻게 다른지는 잘 모르겠다고 말해서 친구들이 함께 웃었습니다. 사업을 해 보고 싶다는 학생도 있었고, 하고 싶은 것이 없다는 학생들도 있었어요.

두 번째, 한 달에 월급을 어느 정도 받고 싶냐고 물었습니다. 이 물음에 구체적으로 대답해 보려고 한 사람이 한 달 동안 생활하는 데 필요한 돈을 계산해 보기로 했어요. 자기 삶을 되돌아보면서 돈이 필요한 곳을 따져 보던 학생들은 놀랐습니다. 살아갈 집부터 시작해서 사람이 살아가는 데 필요한 돈을 직접 계산해 보는 기회가 흔하지 않았던 거예요.

필요한 돈이 생각보다 많았고, 돈을 써야 할 곳이 너무 많았습니다. 통신 요금이나 전기 요금처럼 고정으로 내야 하는 돈도 만만치 않았어요. 치킨도 먹어야 하고, 옷도 사야 하고, 친구도 만나야 하고요. 만약 혼자서 집을 구해 산다면 월세와 공과금도 꽤 됩니다. 혼자서 쓰는 돈과 가족이 함께 쓰는 돈을 계산해 보던 학생들은 한 달에 받고 싶은 월급을 700만 원에서 1천만 원까지 이야기했습니다.

자, 그럼 마지막 질문. "2023년 기준, 한 달 최저임금은 얼마일까요?" 마지막 물음에 다들 긴장했습니다. "누가 최저임금을 받죠?" 이렇게 물어보는 학생도 있었어요. 가장 흔하게는 아르바이트를

할 때 최저임금을 받는 경우가 많습니다. 그런데 우리 사회에 꼭 필요한 노동을 하는 노동자들 가운데서도 최저임금을 받으며 일하는 분들이 많아요.

2022년 기준으로 우리나라의 전체 노동자는 2,100만 명 정도 되는데, 그중에 12.7퍼센트, 즉, 276만 명 정도가 최저임금을 받습니다. 내 주위에 일하는 사람 열 명 중 한 명 이상은 최저임금을 받는다는 말입니다. 이들이 한 달에 주5일, 일주일에 40시간을 일해서 버는 최저월급은 2,010,580원(2023년 기준)입니다. 세금과 4대 보험료를 떼고 실제로 받는 돈은 180만 원이 조금 넘는 편이지요.

워낙에 최저임금을 주는 곳이 많아져서 '요즘은 최저임금이 아니라 최고임금인 것이 아니냐'는 말까지 나온다고 하니, 교실 분위기가 안 좋아졌어요. 수업이 혼란스러워졌습니다. 심각해지기도 하고, '어떤 일이 월급을 많이 준다'더라, 월급으로는 살아갈 수가 없으니 '사업을 해야 한다'는 이야기도 나왔죠.

학생들에게 왜 월급을 700만 원에서 1천만 원까지 받고 싶냐고 다시 물었어요. "그 정도는 돼야 할 것 같은데요?"라거나 "그럼 어떻게 살아요?"라거나, "망했다"고 말하는 학생도 있었죠. 머리가 나빠서 돈 많이 버는 직업을 못 가질 것 같은데, 최저임금이 저렇게나 낮으면 할 수 있는 게 없다면서 말이죠.

노동자가 될 우리가 벌게 될 돈은, 우리가 일을 하고 받는 임금일 확률이 높습니다. 살면서 필요한 물건이나 서비스를 살 때 쓸 돈은 대부분 일을 해서 벌 테고요. 그러니 우리가 미래에 하고 싶은 일을 선택할 때는 당연하게 월급 수준과 일하는 환경을 따져 볼 수밖에 없습니다. 최저 기준보다 높은 임금, 적당한 노동시간, 갑질이나 성희롱이 금지되는 회사 분위기, 충분한 휴식 시간, 그리고 취미생활과 사회생활을 위해 필요한 여유, 일을 하며 느끼는 성취감, 그 밖에 여러 것들도요.

우리는 노동을 하며 삶을 이어 갈 테고, 우리의 노동은 우리 사회를 움직이는 중요한 원동력입니다. 주변을 둘러보세요. 노동을 통하지 않고 지어진 건물, 만들어진 물건, 음식, 서비스…… 이런 것은 없어요. 그래서 일을 하는 사람들의 노동 인권이 침해되지 않게 법과 제도를 만들고 운영하는 것은 우리 사회에 가장 중요한 숙제입니다.

노동자(여기에 내가 아는, 일하는 어른을 한 명 생각해 보세요)를 보호하는 제도가 없다면 어떨까요? 아르바이트를 하려고 할 때 사장이 "우리 회사 시급은 6,500원입니다"라고 말한다면요? 아예 취직을 안 하거나, 그 돈이라도 받고 일을 해야 하나 고민합니다. 노동자 처지에서 "저는 시급 1만 원 안 주면 못 합니다"처럼 임금에 대해 자유로운 교섭을 할 수 없기 때문입니다. 시급을 더 올려 달라는 말을 들은 사장은 "그럼 다른 사람 구할게요" 할 테니까요. 그러니 내가 당장 일을 해야 한다면, 안 좋은 조건이라도 받아들여야 하는 경우가 생겨요.

취직을 한 뒤에도 비슷해요. 회사에서 노동조건을 사장 마음대로 안 좋게 바꾸거나 일하는 환경을 안 좋게 만들어도, 노동자 개인이 노동조건을 왜 그렇게 바꾸었는지 물어보거나, 회사와 다투는 일은 상당히 어렵습니다. 그러다 사장이나 상사한테 괜히 밉보이거나 잘릴 것 같거든요. 노동조합처럼 집단의 목소리로 물어보지 않는 이상, 회사가 일방적으로 정한 노동 환경을 고치기는 너무 어렵습니다.

노동자들이 직장 안팎에서 인간으로서 존엄하게 대우받고 행복을 추구할 권리를 '노동 인권'이라고 부릅니다. 많은 나라에서 수백 년에 걸쳐 노동 인권을 실현하기 위해 법과 제도를 만들었습니다. 우리나라도 헌법 제32조와 제33조를 통해 노동자 개인과 노동자 집단의 권리를 보장하고 있습니다. 이 헌법 조항을 중심으로 '근로기준법' '최저임금법' '노동조합법' 등 수십 가지의 노동 관련법이 존재하고, 이 법이 일하는 사람의 노동 환경에 영향을 미칩니다.

아주 쉬운 예로는 편의점 아르바이트나 패스트푸드점의 채용 공고를 들 수 있어요. 채용 공고에 시급은 '최저임금'을 주겠다고 쓰인 곳이 많습니다. 이 최저임금은 일을 하고 그 대가로 임금을 받는 사람들을 보호하기 위해 헌법으로 정한 것으로, 인간다운 생활을 유지하기 위한 아주 최소한의 돈을 말합니다.

한편, 이 법은 한국전쟁이 끝나자마자 만들어져요. 이것만은 꼭 지키자는 내용이 들어갔고 70년이 지났습니다. 폐허가 된 땅에 고층 빌딩이 들어서고 일하는 방식이나 환경도 바뀌었지만, 법은 너무 천천히 현실을 쫓아와요. 플랫폼을 통한 배달이나 빅데이터 입력, 영상 편집처럼 이전에는 없던 일과 새로운 형태의 노동이 생겨나고 있는데, 지금의 법과 제도로는 빠르게 달라지는 노동을 보호하는 장치가 없습니다.

이 글에서 하고 싶은 이야기는 이런 것들이에요. 노동은 살아가는 데 필요한 돈을 버는 것이기도 하지만 나 자신을 온전하게 사용하는 시간이기도 합니다. 내가 공부한 것, 경험한 것을 모두 활용하여 일을 하게 됩니다. 노동자들은 나이나 성별로 차별받지 않고, 일하면서 괴롭힘당하지 않고, 정당한 임금을 받고, 노동조합을 만들 수 있는 권리가 있어요. 이를 노동 인권이라고 말하지요. 그 큰 이야기 가운데 짤막한 이야기를 해 보겠습니다.

가상 공간을 만드는 현실의 노동자에게도 노동 인권이 필요해!

요즘 만나는 학생들에게 미래에 무얼 하고 싶냐고 물으면, 열 명 가운데 한 명은 아이티(IT) 일을 하고 싶다고 이야기합니다. 보통은 프로그램을 개발하는 사람들을 IT 노동자라고 부르는데, 사람들이 인간관계, 교육, 쇼핑이 이루어지는 공간을 가상 공간으로 빠르게 옮겨가면서 IT에서도 현실과 가상 공간을 연결하는 다양한 노동이 생겨나고 있습니다.

이미 꽤 많은 학생들이 유튜브에 자기가 찍고 편집한 영상을 올리고, 수익도 내고 있습니다. 얼마 전에 조회 수 100만을 찍은 열다섯 살짜리 게임 동영상 편집자를 만난 적이 있어요. 그 학생은 그냥 재미 삼아 올린 것인데, 돈까지 벌게 될 줄 몰랐다며 수줍게 웃으며 말했습니다. 지금은 좀 더 전문적이고 다양한 것들을 해 보고 싶어서 여러 가지 컴퓨터 언어도 익히고, 사회 현실과 분위기도 파악하면서 미래를 준비하고 있다고 해요.

영상을 만들고, 게임을 하고, 게임이 어떻게 만들어지는지 보고, 무언가를 개발하기 위해서 다양한 언어를 배웁니다. 이렇게 컴퓨터나 스마트폰으로 무언가를 만들어 내는 노동을 'IT 일'이라고 말하기도 해요. 컴퓨터 언어를 사용해 프로그램을 개발하는 사람들을 개발자라고 부르는데요, 이들은 현실과 가상 세계(온라인)를 연결하거나 관리하는 프로그램을 만들고 유지 보수를 합니다.

"구로의 등대" 에서 일하는 당신의 노동조건을 알려주세요

2016년 6개월도 안되는 기간 동안 2명 노동자 사망.
어쩌면 등대에서 일하는 대다수의 개발자들이 장시간노동으로 몸을 혹사하고, 아픔을 겪고 있을지도, 또 앞으로 겪게 될지도 모릅니다.

넷마블에서 일했거나 일을 하고 있는 당신의 노동조건을 기록하기 위한 설문입니다.
설문은 익명으로 진행, 적어주신 내용은 통계를 내거나 언론 보도에 사용될 수 있습니다. 최대한 사실대로 자세하게 적어주시길 바랍니다.

이 설문지를 만든 단체는 "노동건강연대" 입니다. 노동자의 건강권을 위해 싸우는 사회단체 입니다.
올 해에는 삼성전자 메탄올 실명 피해자들을 지원하기도 했습니다. (홈페이지 참고 : http://www.laborhealth.or.kr/)

이 설문을 통하여, IT 노동자, 특히 넷마블의 장시간 노동과 열악한 근무환경을 알리고 개선하는데 보탬이 되고자 합니다.

정해진 설문 내용 이외에 더 자세한 이야기를 들려주고 싶거나, 제보를 원하시는 분은 laborhealthh@hanmail.net 이나, █████████ 박혜영 활동가 에게 연락(문자, 전화 모두 괜찮음) 주세요.
특히 개발자, 실무자 분들의 연락 기다립니다.

* 2016년 11월 23일 오후 2시분 30분 현재 357분이 설문에 응해주셨습니다. (최초 설문 시작 시간 11월 22일 저녁 8시)
아래쪽 주관식 설문 내용에, 넷마블의 업무 형태에 대한 설명을 해주신 분들이 있습니다. 넷마블의 고용구조가 어떤지 밖으로 자세히 드러나 있지 않아 내용이 부실합니다. 자세한 내용을 적어주시면 전체 구조를 이해하는 데 많은 도움이 될 듯 합니다. 다양한 의견 부탁드립니다.

* 일을 하시다가 몸이 아픈 분들의 제보가 있습니다. 질병을 앓고 계신 분들도 18번 질문에 적어주세요.

* 마지막 18번 질문 노동건강연대에 하고싶은 말 -> 고용노동부에 하고 싶은 말로 변경합니다. (11월 23일 오후 2시 33분)

* 설문 마감 11월 26일 밤 11시 59분

메신저 프로그램이나 포털 사이트, 검색 사이트도 만들고, 온라인 쇼핑몰, 투자 프로그램, 게임을 만드는 개발자도 있어요. 세상의 거의 모든 일이 가상 세계와 현실 세계로 연결되어 있으니, 그만큼 IT 업계에서 하는 일도 정말 다양해요.

2016년 11월 어느 날 밤, 게임 회사에 다니는 후배에게 연락이 왔습니다. 그 후배는 세계적으로 유명한 게임을 개발한 팀을 이끌었는데, 평소에 자기가 얼마나 강도 높은 일을 하는지 자주 이야기했어요. 며칠 동안 퇴근하지 못하고 일을 하다가 회사 화장실에서 쓰러져 병원에 실려 갔던 적도 있다고 했어요.

"선배, 넷마블에서 사람이 죽었대."

전화를 받자마자 들려온 첫마디였어요. '넷마블'은 우리나라에서 가장 이름난 게임 회사 중 하나입니다. 그때 나는 노동자 건강권 문제를 다루던 시민단체에서 일하고 있었습니다. 곧바로 그 후배와 함께 넷마블 전현직 노동자들을 대상으로 한 온라인 설문지를 만들었습니다. 이미 넷마블은 서울시 구로구에 있는 본사 건물이 스물네 시간 동안 불이 꺼지지 않는다는 까닭으로 '구로의 등대'라는 별명으로 불렸어요. 사람들은 이 별명만 들어도 어느 회사를 말하는지 알 수 있었습니다.

설문을 온라인에 띄우자 사흘 만에 545명이 참여했습니다. 출

근을 하면 며칠 밤을 새워야만 퇴근할 수 있을 정도로 강도 높은 노동에 시달리던 당사자들의 이야기가 한데 모였어요. 1970~80년대 구로 공단의 방직공장에서 하루에 열다섯 시간씩 일하던 노동자의 모습이 겹쳐 보였어요. 그 방직공장이 최첨단 게임 회사라는 탈을 쓰고 있는 듯했지요.

이 설문을 계기로 게임 회사의 장시간 노동과 추가 근무 수당 미지급 문제가 사회적으로 불거지게 됩니다. 게임 회사 노동자들은 퇴근도 못 하고 오랜 시간 일하는 현실에 대해서 체념하고 있었어요. 일주일에 80시간을 넘게 일하기도 했어요(우리나라 근로기준법에서 정해 놓은 노동시간이 일주일에 40시간인 것을 참고하면, 두 배 넘게 일한 것입니다!). 이렇게 일하고도 추가 근무 수당을 받지 못했습니다. 회사 건물은 번쩍번쩍하고 직업도 멋졌지만, 그 안에서 일하던 사람들은 서서히 말라 가고 있었어요.

고용노동부에서 IT 업계에 대한 대대적인 근로 감독이 이어졌고, 넷마블에서만 44억의 체불임금과 법정 근로시간을 지키지 않는 노동 현실을 밝혀냈어요. 과로로 사망한 청년 노동자는 산업재해로 인정받을 수 있었습니다. 그 뒤로 게임 회사를 포함한 IT 업계에서 '근로기준법'을 알게 되었어요(그전까지는 근로기준법을 지키는 회사가 거의 없었어요).

IT 업계는 새롭게 만들어진 회사, '스타트업' 회사의 색깔이 강하다는 말도 있습니다. 직원 두세 명이 모여서 밤새 코딩하다가 일하는 사람이 한둘 늘어나고, 그러다 보니 업계 분위기가 근로기준법을 지키지 않았다는데, 그건 안 될 말이죠. 누군가를 고용하면 당연히 지켜야 하는 법인 근로기준법이 있는데 여태까지 그걸 소홀히 여겼던 것입니다. 뒤늦게라도 노동자들이 목소리를 내서 많은 것들을 돌아볼 수 있었습니다.

그 뒤로 규모가 큰 회사들을 중심으로 근로기준법에서 정한 노동시간보다 더 길게 일할 수 없도록 회사별로 시스템을 점검했고, 컴퓨터 셧다운제(주 40시간 근무에 12시간 연장 시간까지만 일할 수 있고, 기준 시간이 넘어가면 컴퓨터가 저절로 꺼짐)와 같은 다양한 근무 방식을 받아들였습니다. 우리나라에 근로기준법이 만들어진 것은 1953년이니, IT 업계에 이 법이 적용되기까지 60년 넘게 걸린 것이죠. 아쉽게도 일하는 사람 숫자가 적은 중소기업들은 아직도 장시간 노동에 시달리고 있습니다.

이렇게 장시간 노동과 추가 근무 수당을 둘러싼 논란은 일단락되었지만, 사실 이건 아주 기본적인 것입니다. 일하는 사람의 존엄성을 지키기 위해서는 그보다 더 많은 것들이 필요하기 때문이지요. 자유로운 휴가 사용, 직장 내 괴롭힘이나 성희롱 예방 같은 문제도 쌓여 있습니다. 이런 문제를 해결하는 주요한 방법 가운데 하나인 노동조합 이야기를 해 볼게요.

2018년 4월, '네이버'에서 노동조합이 만들어집니다. 그동안 개발자들이 모인 노동조합이 있었지만, IT 업계에서 특정 회사의 모든 계열사, 모든 노동자를 아우르는 노동조합은 처음이었어요.

헌법 제33조 1항에서는 '근로자는 근로조건의 향상을 위하여 자주적인 단결권·단체교섭권 및 단체행동권을 가진다'고 규정하고 있어요. 회사와 노동자는 대등한 관계가 아닙니다. 회사가 일방적으로 노동조건을 만들면 힘이 더 센 회사 입장만 반영되어 만들어질 수밖에 없어요. 회사는 이윤을 추구하기 때문에 노동 환경을 만드는 데 필요한 돈(비용)을 최대한 줄이려고 할 것입니다. 회사 운영에 큰 비용을 차지하는 인건비도 회사가 줄이려고 하는 첫 번째 항목이고요.

근로계약을 맺을 때 회사와 대등한 위치에서 교섭을 하기 힘든 노동자들이 힘을 합쳐 공동의 요구 사항을 만들고, 조직으로 교섭을 할 때 비로소 어느 정도 대등한 협상이 가능해집니다. 이렇게 단체교섭으로 만든 협약은 노동자 개개인의 노동조건을 나아지게 하고, 우리 사회에도 긍정적인 영향을 줍니다. 그래서 산업혁명 이후로는 전 세계에서 노동자들이 노동조합을 만들어 단체교섭과 단체행동을 할 권리를 법으로 보장합니다.

노동조합은 조합원들에게 공통으로 적용되는 임금체계부터, 휴

가나 휴식을 잘 사용하는지, 일을 하다가 다치게 하는 환경은 없
는지, 회사의 구조 때문에 피해를 보는 일은 없는지, 직장 내 괴롭
힘이나 성희롱은 없는지, 회사 내 여러 상황을 가장 구체적으로
알고 있어요. 바로 자기들의 일이기 때문입니다. 자료와 의견을
모아서 회사와 교섭하고, 때로는 정부에 요구할 수 있는 힘은 이
렇게 함께 모여서 생깁니다. 하나하나 모여서 증언이 되고, 자료
가 되고, 보고서가 되고, 힘이 됩니다.

　우리나라가 발전하는 과정에서 대기업 공장, 사무직, 건설, 공
무원, 금융업…… 여러 분야에 노동조합이 생겼습니다. IT 업계에
서는 노동조합의 발전이 더뎠던 게 사실이에요. 산업은 빠른 속도
로 성장했지만, 그 발전에 이바지한 노동자들의 노동 환경은 너무
나 좋지 않았습니다. 하지만 '네이버 노동조합 공동성명'이 만들
어진 뒤로 카카오, 넥슨, 스마일게이트처럼 여러 IT 회사에 노동조
합이 만들어지면서 IT 노동자의 노동조건도 더불어 성장하고 있
습니다.

　마지막으로, 노동조합의 종류는 여러 가지입니다. 자기가 다니
는 회사에 노동조합이 있을 수도 있지만, 회사에 노동조합이 없더
라도 회사가 속한 산업별로 노동조합을 만들기도 해요. 네이버 노
동조합(회사)도 있지만, IT 노동조합(산업별)도 있는 것처럼요. 또

뒤에서 설명할 배달 노동자인 라이더 개인들이 모여 만든 '라이더 유니온'도 있고, 청년 세대가 모여 만든 '청년유니온'도 있고, 퇴직자들이 만든 '이음나눔유니온'도 있습니다. 아르바이트 노동자들이 모여 만든 '알바노조'도 있죠. 산업별 노동조합에는 개인이 가입할 수 있습니다. 이다음에 어떤 일을 하고 싶다면, 그 일과 관련된 노동조합은 무엇이 있는지 찾아보는 것도 우리 사회를 알아가는 방법 중 하나가 될 거예요.

유명 유튜버에 고용된 사람들을 지켜라! '근로기준법'

활발하게 성장하는 산업의 노동 인권 이야기도 해 보겠습니다. 우리가 친숙하게 접하는 영상을 찍고 편집, 디자인하는 노동자들 이야기예요.

우리나라 사람이라면 누구나, 회사를 운영하려고 누군가를 고용할 경우 사업주와 노동자 사이에 근로계약서를 써야 합니다. 근로기준법이나 최저임금법처럼 법으로 정한 최저 기준 이상의 노동조건을 갖춰야 하죠. 그래야 일하는 사람이 임금(시급, 주급, 월급 어떠한 형식이든 상관없이 노동을 하고 받는 돈)을 받고, 인권도 침해받지 않으면서 살아갈 수 있고, 우리 사회도 안정적으로 돌아갑니다. 그런데 요즘 이를 노골적으로 지키지 않는 곳이 있으니, 바로 영상 편집 분야예요.

　아주 짧은 영상이라도 기획하고, 찍고, 편집하는 일을 해 본 사람이라면 영상을 하나 만드는 데 얼마나 많은 시간과 노력이 들어가는지 잘 알 것입니다. 유튜브 채널의 경우, 구독자가 많을수록 영상 편집에 더 많은 정성을 쏟게 되죠. 더 성장하려고 전문 기술자를 고용하기도 해요.

　그런데 기술자를 고용하는 사람이나 회사의 성향이 어떠냐에 따라, 앞에서 말한 노동관계법을 잘 지키며 직원을 노동자로 고용하는 곳이 있는 반면, 단순히 자기 일을 도와주는 사람이라고 여기며 말도 안 되는 임금을 주는 곳도 있어요. 일손이 필요해 고용한 사람을 노동자로 보지 않고 자신의 꿈을 위해 희생하는 사람쯤으로 생각하고, '잘되면 더 줄게' 같은 무책임한 태도로 고용을 합니다.

　어느 사업이나 사업주가 노동조건을 정하기 마련이지만, 그래도 어느 정도 최저 기준은 있게 마련인데, 아직 영상 제작, 편집 분야는 최저 기준에 대한 인식이 없는 것이 현실입니다. 중요한 것은, 사장이 착하고 나빠서 노동조건이 천차만별이 되는 것이 아니라, 누가 누구를 고용하더라도 법에서 정하는 최저 기준 이상은 지켜야 한다는 사실입니다.

　앞으로 회사에 들어가 일을 하게 될 사람들도, 직원을 고용하게 될 사람도 잘 알아 두어야 합니다. 노동법에서는 노동을 제공하고 임금을 받으면 모두 근로계약으로 봅니다. 근로계약서를 쓰지 않았더라도, 실제로 노동을 제공한다면 법에서 말하는 최저 기준으로 계약이 정해집니다.

2023년 봄에 상담 전화를 한 통 받았어요. 상담자는 1년 3개월을 일하고 퇴직했는데, 근로계약을 처음 체결할 때 퇴직금을 받지 않겠다는 내용을 계약서에 넣었다고 합니다. 그러면 정말로 퇴직금을 받을 수 없는지 물었습니다.

퇴직금은 1년(365일) 이상 같은 사업장에서 일을 하면 한 달 치 월급 이상의 퇴직금이 발생해요. 이건 법에서 정한 최저 기준입니다. 따라서 법이 정한 기준보다 낮은 근로계약은 무효가 됩니다. 이분은 퇴직금을 받을 수 있겠죠? 계약을 했으니 어쩔 수 없지 않냐고 체념하지 말고, 법이 정한 최소한의 보호를 이미 받고 있다는 것을 꼭 알아 둘 필요가 있어요.

즉, 근로계약을 체결할 때에는 반드시 근로계약서를 쓸 것, 근로기준법이나 노동관계법 기준보다 낮은 근로계약은 무효이고, 법에서 정한 대로 청구할 수 있습니다. 자, 기억하세요.

'나의 노동은 보호받을 권리가 있다.'

가상 공간이 늘어나면서, 도박 같은 사행성 산업이나 성착취 영상을 만들어 파는 산업도 가상 공간에서 점차 늘어나고 있어요. 즉, 그 생태계를 만드는 노동자들이 있다는 뜻입니다. 아니, 노동자라고 부르면 안 됩니다! 그냥 범죄 단체를 같이 만드는 공범입니다. 이 산업은 서버를 외국에 두고 끊임없이 추적을 피하는 방식으로 운영되기 때문에, 불법이지만 쉽사리 드러나지 않습니다. 혹시 개발자의 꿈을 이루기 위해 직장을 찾다가 범죄에 가담하게 된다면, 그 일을 누군가가 시키더라도 절대 하면 안 됩니다. 단순히 노동만 제공하고 임금을 받았다고 하더라도 그러한 범죄의 끝은 구속입니다. 근로계약을 체결할 때는 반드시 내가 하는 일에 불법적인 것은 없는지 확인해야 합니다.

편의점 아르바이트생들이 묻기 시작한 '최저임금'

가상 공간에서 일하는 노동자들의 노동 인권 이야기를 마치고, 이번에는 우리가 자주 만나는 현실 공간의 노동 인권 이야기를 해 보겠습니다.

2023년 4월, 고등학생 열여섯 명이 한 지역의 편의점 점주들을 최저임금 위반 등의 혐의로 고용노동부에 고발하는 사건이 있었어요. 고발장에는 점주들이 2021년 6월부터 2023년 4월까지 최저임금(2023년 현재 9,620원)을 한참 밑도는 시급 6,500원을 지급했고, 근로계약서를 안 썼으며, 청소년 노동시간 제한(열다섯 명이 청소년)을 어기고, 야간에 일하게 하고, 휴게 시간을 주지 않았다는 내용이 쓰여 있었습니다.

중고등학교에 노동 인권 교육을 하러 나가 보면, 학생들이 아르바이트를 해 본 곳은 편의점이 가장 많아요. 혼자서 몇 시간 동안 일을 하는 곳, 화장실 가기 힘든 곳, 물건 계산하고 재고 정리하는 일에 온 정신을 쏟아야 하는 곳, 어리다고 무시당하기 일쑤고, 진상 손님이라도 오면 생명의 위협조차 당하는 곳에서 일한 경험이 있는 학생들이 근로기준법 수업을 듣다가 다들 이렇게 묻습니다.

"어디에서도 근로기준법을 지키는 곳은 없던데요? 왜 그 사람들은 처벌받지 않아요?"

2022년 9월 기준, 전국 편의점 수는 약 5만 1,300개 정도입니다. 스물네 시간 운영되는 편의점 특성상 적어도 두 명이 고용된다고 계산하면, 최소 10만 명이 넘는 노동자가 편의점에서 일하고 있어요. 노동자들 가운데 절대 다수는 십 대, 이십 대입니다.

학생 열여섯 명이 편의점 점주를 고발한 내용에서도 봤듯이, 근

TIP

어떤 사람들은 상담을 받아 어떤 것이 법 위반인지 알아보고, 차분하게 증거자료를 준비해 퇴직한 다음 고용노동부에 찾아가기도 합니다. 스물다섯 살 미만 노동자들은 '청소년 근로권익센터'에서 무료로 공인노무사에게 상담을 받거나 도움을 받을 수 있습니다.

로기준법을 위반하는 업종 가운데 편의점이 있어요. 법에서 반드시 지켜야 하는 최저 기준을 안 지키는 것이죠. 수업하면서 조사를 해 봐도 근로계약서를 써 본 학생은 거의 없었고, 최저임금을 받은 학생들은 손에 꼽아요(수도권에서 멀어질수록 계약서를 안 쓰는 경향이 있어요). 편의점 점주들이 부모님의 친구이기도 하고, 친구에게 소개를 받아서 일하는 경우도 많은데, 어느 누구도 근로기준법을 지켜야 한다는 이야기를 하지 못했어요. 마지막은 고용노동부에 신고를 하는 것인데, 그 과정도 복잡하고, 서로 얼굴을 붉히고, 상처만 남는 경우가 많습니다.

우리는 무엇을 할 수 있을까요? 최근에 이십 대 청년들이 제기한 '최저임금 위반 및 주휴수당 미지급' 사건을 대리한 적이 있습니다. 이들 가운데 절반 이상이 이런 말을 합니다.

"내 돈은 안 받아도 좋으니, 사장이 앞으로 근로기준법을 지키게끔 처벌받게 해 주세요. 그래야 다음에 일하는 알바생은 최저임금을 받지 않겠어요?"

이 청년들은 온라인으로 노동법을 공부했고, 사장에게 법을 지키라고 직접 말하는 것은 어렵지만, 신고를 해서라도 이 말을 전하고 싶다고 합니다. 개인이 누군가를 신고하고 처벌받게 하는 일은 심리적으로 상당히 압박받는 일입니다. 내가 누군가의 죄를 물을 지적이 있을지 스스로에게 묻기도 하죠. 그러나 반대로 생각해 보면, 법 위반의 피해자는 노동자입니다. 당연히 지켜야 할 근로기준법을 안 지킨 것은 사장이고요. 그러니 부당한 일을 당했을 때는 한 번 싸워 보기를 권합니다. 그 용기가 하나씩 모여 서로를 지키는 힘이 될지도 모르는 일이니까요.

한편, 꼭 누군가를 처벌하는 것만이 답은 아닙니다. 그래서 우리는 예방하는 방법을 찾기도 해요. 예를 들어 볼게요. 이전에는 프랜차이즈 커피숍이나 햄버거 가게에서 일하는 노동자들도 최저임금을 못 받았습니다. 그래서 청년유니온, 알바노조처럼 청년들이 모인 노동조합에서 몇 년에 걸쳐 문제를 제기했어요. 그 뒤로 프랜차이즈 커피숍이나 패스트푸드 업계에서 표준근로계약서를 도입했고, 최소한의 법을 지키는 환경이 자리 잡았습니다.

이제는 편의점입니다. 최근 서울시 성북구에서 시민단체 몇 개가 함께 모여서 편의점 노동자 실태조사를 한 적이 있습니다. 역시나 수두룩한 법 위반 사항이 조사되었고 이를 들고 고용노동부로 갔죠. 문제 제기한 분들을 응원하고, 이 일이 어떻게 처리되는지 지켜보고, 잘 처리되도록 지원하는 것도, 이 문제를 함께 풀어가는 방법 중 하나임을 잊지 말아 주세요.

플랫폼은 우리말로 '정거장'입니다. 스마트폰이나 컴퓨터로 온라인 정거장에 접속해서 일을 찾고 일을 받는 사람들이 늘고 있습니다. 우리나라뿐만 아니라 전 세계에서 다양한 플랫폼 노동이 생겨나고 있어요. 플랫폼 노동을 남는 시간에 접속해서 일을 받아 하는 부업 정도로 생각하기도 하지만, 그렇지 않습니다.

고용노동부가 2022년 플랫폼 노동자(플랫폼 종사자란 플랫폼을 통해 일을 찾고 노동을 제공하는 종사자를 말한다. 일을 배정받을 때 플랫폼에서 이루어지는 고객만족도 조사 결과에 영향을 받는다)에 대해서 조사를 했는데 80만 명 정도로 확인되었습니다. 그런데 온라인 플랫폼(스마트폰 앱이나 웹사이트 따위)의 단순 중개, 소개 또는 알선으로 일거리를 구한 사람까지 포함하면 292만 명으로 껑충 뜁니다.

이전에는 플랫폼 노동이라고 하면 '배달 라이더'들을 가장 먼저 꼽았는데, 전문 서비스(통번역, 상담 등)부터 데이터 입력 같은 단순 작업, 가사, 청소, 돌봄 영역, 미술 같은 창작 활동 영역까지 플랫폼 노동이 심상치 않게 늘어나고 있습니다. 이들 가운데 일주일에 20시간 이상 일하거나, 플랫폼 일자리 수입이 절반이 넘어 본인의 주업으로 일하는 사람들이 57.7퍼센트나 됩니다. 앞으로 이런 일자리는 더 늘어날 것으로 보입니다.

전통적으로 물리적인 공간에 고용되어 일하는 사람들에 대해서는 그나마 현재의 근로기준법을 대표로 하는 노동관계법에서 여러 가지 보호 장치를 마련해 두고 있습니다. 법을 잘 지키는지 아닌지는 다른 문제입니다. 그런데 새로운 노동시장인 플랫폼 노동에 대해서는 아직 아무런 보호 장치가 없는 실정이에요. 가장 기본이 되는 근로계약도 체결하지 않고 일할 때가 많고, 일하는 시간이 고정되어 있지 않다 보니 휴식 시간도 제대로 보장받지 못합니다. 근로기준법에서 정하고 있는 내용은 모두 인간의 존엄성을 지키기 위한 최소한의 장치라고 할 수 있는데, 그러한 장치가 모두 해제된 것이 지금 플랫폼 노동의 상황입니다.

구조를 이해하기 위해 플랫폼 노동 가운데 가장 흔히 볼 수 있는 배달 라이더 이야기를 해 볼게요. 배가 고픕니다. 스마트폰으로 음식 주문 플랫폼('배달의 민족'이나 '요기요')에서 음식을 주문해요. 그러면 플랫폼의 자회사인 '배민 라이더스'나 '요기요 플러스'에 소속된 라이더들이 콜을 받고 배달을 해요. 라이더들은 자회사와 계약을 하고, 초기에는 시급을 받다가, 지금은 배달 건당 수수료를 받는데 그 방식이 매우 복잡하고 자주 바뀝니다. 대부분 자회사의 일방적인 통보로 비용이 책정되고, 알고리즘이 원하는 방식으로 배달하지 않으면 여러 가지 페널티를 받으면서 철저하게 을의 처지로 일을 하게 됩니다.

이런 방식에 이의를 제기한 이들이 있습니다. 바로 라이더유니온 노동조합인데요. 최악의 폭염이 이어지던 2018년 여름, 라이더들에게 폭염 수당 100원을 지급하라며 한 달 동안 일인 시위를 한 라이더가 있었습니다. 그렇게 해서 라이더들이 처한 노동 현실이 사람들에게 알려지기 시작해요.

앞서서 자기 이야기가 가지는 힘과 집단의 경험이 가지는 힘에 대해 말한 적 있습니다. 2019년 5월 1일 노동절, 라이더 50여 명이 배달할 때 쓰는 오토바이를 타고 국회의사당에서 청와대까지 행진을 하면서 라이더유니온이 출범했습니다. 라이더유니온은 음식 배달 플랫폼과 라이더들이 불공정하게 맺은 계약을 폭로하고, 배달 플랫폼의 화려한 성공에 가려졌던 배달 노동자들의 현실을 끊임없이 알리고 문제 제기하면서 현실을 바꿔 냅니다. 라이더유니온은 우리나라에서 대표적인 플랫폼 노동조합이 되었어요. 하지만 숙제는 여전히 남아 있습니다. 라이더들이 교통사고를 당하는 경우가 많아 산재보험 문제를 가장 크게 지적했지만, 라이더들은 근로기준법에서 노동자로 인정을 못 받아 법적 보호를 제대로 받지 못합니다.

플랫폼 시장은 일하는 사람들을 보호하지 않는 방식으로 빠르게 성장하고 있습니다. 그 정거장에서 일감을 받고 노동을 제공하는 사람들은 고용보험과 산재보험 같은 사회보험을 적용받지 못하고, 일하다 아프면 그냥 노동자 개인이 해결합니다. 그러면서

폭염 수당 100원을 지급하라며 일인 시위를 하는 배달 노동자 ⓒ차상우

최저임금 같은 사회적 보호도 받지 못하니 수입도 불안정합니다. 노동분쟁이 벌어졌을 때 이를 해결할 방법도 마땅치 않아 이중으로 고통받습니다.

우리가 전통 방식의 노동만 보호하고 이를 계속 고집한다면, 점차 늘어나게 될 플랫폼 노동과 같은 새로운 노동의 미래는, 노동법이 만들어지기 전 인간의 존엄성을 지키는 최저 기준조차도 마련하지 못한 사회로 되돌아가게 되겠지요.

그래도 조금씩 달라지고 있습니다. 라이더유니온 같은 플랫폼 노동자들의 끊임없는 문제 제기로, 2023년 7월부터는 플랫폼 노동을 포함한 몇몇 직종에서 일하는 노동자들에게 이전보다 폭넓게 산재보험이 적용되고 있습니다. 라이더들이 자기들의 노동 환경을 사회에 알리면서 제도를 조금씩 바꿀 수 있었던 것처럼, 새로운 공간에서 이루어지는 노동 현실을 이야기하는 플랫폼 노동자가 더 많아지길 기다립니다. 내가 일하는 환경을 사회에 알리면서, 우리가 아직 잘 모르는 플랫폼 노동자를 보호할 수 있는 길이 열리길 기대합니다.

지금까지 가상 공간과 현실 공간을 넘나들며 노동 인권을 살펴봤습니다. 노동 인권을 침해하고 실정법을 어겨서 누군가를 아프고 다치게 하는 이야기를 말하는 것이 마음 편하지는 않았습니다.

그래도 서로의 경험을 통해 우리는 이 아픔을 헤쳐 나갈 방법을 찾을 수 있을 거라 믿어요.

이 글을 쓰면서 이 책을 읽을 청소년들에게 체계적인 노동 인권 교육을 해 주고 싶다는 생각이 들었습니다. 여러분들이 알아 두면 좋은, 아니 반드시 알아야 하는 노동 인권에 대한 많은 이야기가 있지만 모두 다 담을 수는 없었거든요.

그렇다면 일을 시작하기 전 필요한 준비물, 노동 인권은 어떻게 배울 수 있을까요? 학생이라면 선생님께 노동 인권 수업을 받고 싶다고 요청해 주세요. 각 지역 교육청별로 청소년 노동 인권 교육이 준비되어 있습니다. 이미 많은 학생들이 아르바이트를 하고 있고, 노동 현장에서 다양한 어려움을 겪고 있어요. 유럽처럼 초중등 교육과정에 노동과 관련된 교과목이 있으면 좋겠지만, 우리나라에는 아직까지 없어요. 언젠가는 만들어지겠죠? 학교에 다니지 않는다면, 이 책과 같은 책을 찾아 읽거나 유튜브에서 '노동 인권'을 검색해 보는 방법도 있어요. 나를 지키기 위해 꼭 한번 찾아보길 바랄게요.

젠더
천선영

젠더로 읽는
우리 삶의 공간

천선영　독일 뮌헨대학에서 공부했습니다. 경북대학교에서 '관점의 학문'인 사회학을 가르치며 학생들 각자가 '나만의 이야기'를 만들어가는 데 작은 도움이 될 수 있기를 바랍니다. 대학 수업조차 사유와 표현의 장이 되지 못하는 것이 안타까워 읽고 쓰기, 듣고 말하기를 수업의 루틴으로 삼고 있습니다. 분석과 비판의 사회학이 우리에게 '건강한 논리'에 기반한 공감과 위로를 줄 수 있다고 믿습니다.
쓴 책으로는 《어쩌다 서로에게 괴물이 되었을까? ─천샘과 함께하는 젠더수업》《기꺼이, 이방인》《대충 잘 살기 위해 열심히 노력 중입니다》《죽음을 살다》들이 있습니다.

대학에서 '관점의 학문'인 사회학을 가르치며 학생들과 젠더 수업을 하고 있습니다. 성불평등에 대한 주장이 시대착오적인 것처럼 보이기도 하는 이 시대에 청년 세대가 아직도, 여전히 '젠더적으로 안녕하지 않은 현실'에 대해 마음속 깊이 걱정하며 관심 있게 지켜보고 있습니다.

　공간이라는 주제에도 진지한 관심이 있습니다. 공간을 매개로 우리 삶의 모습이 만들어지고 달라질 수 있다고 생각하기 때문입니다. 우리 사회가 공간을 어떻게 이해하는지 살펴보는 일은 스스로를 거울로 들여다보는 일입니다. 다른 공간은 다른 삶을 살게 한다고 믿습니다. 공간을 다르게 이해하는 것은 다른 삶을 꿈꿀 수 있게 한다고 믿습니다.

우리가 어떤 공간을 만들고 어떤 공간에서 살고 있는지는, 우리가 어떤 인간인지, 무엇을 중요하게 생각하고 무엇을 바라는지, 우리 사회가 어떤 사회인지, 무엇을 바라보며 어디를 향해 가고 있는지 말해 주는 핵심적인 잣대 가운데 하나입니다.

이 글에서는 젠더(사회문화적 성)-인권에 대해 공간을 통해 살펴보고자 합니다. 사람의 몸을 하나의 공간으로 생각하고 이야기를 시작해, 집이라는 개인적인 공간을 거쳐, 주차장, 화장실, 지하철역처럼 일상생활에서 늘 이용하는 공용 공간에 스며든 젠더와 인권을 살펴보도록 하지요.

우리 삶과 생활 속에서 공간으로 드러나는 젠더-인권의 구체적인 모습들을 관찰하고, 문제점을 살펴보며, 나아가 변화할 수 있는 방향을 함께 고민할 수 있을 것입니다.

여기서 잠시 질문 하나! 남성복에는 거의 없는, 여성복에만 있는 부속물에는 어떤 것이 있을까요? 다른 것들을 떠올리는 사람도 있겠지만, 여기에서 이야기해 보고 싶은 것은 지퍼입니다. 그중에서도 바로 뒷지퍼입니다. 갑자기 웬 지퍼 타령인가 싶은가요? 차근차근 이야기해 봅시다.

사람의 몸을 하나의 공간으로 생각해 본다면 보이는 것들

집, 학교, 공원이 '공간'이라는 말에는 쉽게 동의하겠지요? 그런데 사람의 몸 또한 하나의 공간이라 볼 수 있지 않을까요? 특정한 현상을 관찰할 수 있고 변화하는 모습이 보이고 사회적 의미를 읽어 낼 수 있는 그런 공간 말입니다.

모든 인간은 저마다 몸을 가지고 있고 그 몸과 매일, 매 순간 함께합니다. 몸은 나이에 따라, 건강 상태에 따라, 그리고 성별에 따라 다양한 형태로 나누어 인식되고 사회적으로 역사적으로 의미를 가집니다.

어떤 몸이 건강한 몸인지 아픈 몸인지, 젊은 몸인지 나이 든 몸인지, 몸이라는 공간은 인간 사회에서 끊임없이 적극적으로 이해되고 해석되어 왔습니다. 성/젠더적 관점에서는 예를 들어 어떤 몸이 아름다운지 추한지, 여성다운지 남성다운지를 사회적으로 이해하고 해석해 왔으며, 이런 이해와 해석은 우리의 생각과 말과 행위에 영향을 미칩니다. 몸은 그 어떤 것보다도 분명한 '젠더적 공간'입니다.

몸은 성별만으로도 '다름'을 한눈에 드러내 보여 주는, 우리 모두가 '들고 다니는 공간'입니다. 몸을 통해 우리는 계속해서 서로의 같음과 다름을 경험하고 인식합니다. 여성의 몸과 남성의 몸은 자주 서로 다른 성적 의미로 해석되고 서로 다른 '사회적 자원'으로 이해됩니다.

여성-몸과 남성-몸이 다르다는 인식에는 물론 생물학적인 차이가 큰 역할을 합니다. 이를 부정하는 것은 아닙니다. 예컨대 보통 남성보다 키가 크거나 몸무게가 더 나가는 여성도 있지만, 평균으로 볼 때 남성이 여성보다 키가 더 크고 몸무게도 더 나갑니다. 근육량 같은 것에서도 차이가 있고요.

그러나 이러한 생물학적 사실이 키가 작은 남성이 가질 수도 있는 열등감, 살집이 있는 여성이 느낄 수도 있는 자괴감을 설명해 주지는 않습니다. 크고 무거운 물건을 드는 일은 남성의 몫이라고 생각하는 무의식에 가까운 관념을 정당화해 주지도 않습니다. 생각하는 능력을 가진 인간은 물리적 사실을 거의 언제나 해석의 영역으로 자리를 이동시킵니다. '나는 남성이다. 내 키는 160센티미터다'는 사실과 측정의 영역이지만 '나는 남성이다. 나는 힘이 세야 한다. 책임감이 강해야 한다. 키가 작아 우울하다. 키 때문에 놀림받는다고 느낀다' 같은 생각은 사회적 영역의 일입니다.

여성과 남성의 몸이 성적, 젠더적 공간으로 이해된다고 말했던 것을 기억한다면 인간이 몸에 걸치는 가장 일반적인 물건인 옷(성경에 나오듯 인간이 부끄러운 마음을 알게 되어 옷을 입었다고 할 수도 있겠지만, 털이 없는 항온동물인 인간에게 옷은 꼭 필요한 선택이었겠지요)에도 성별적 시선이 고스란히 반영된다는 것을 쉽게 짐작할 수 있습니다.

자, 다시 맨 처음에 이야기했던 지퍼 이야기를 해 볼까요? 여성-몸을 억압하는 상징으로 '코르셋'이나 '전족'은 쉽게 떠올릴 수 있겠죠. 그런데 이것들처럼 우리 시선을 강하게 잡아끌지는 않지만, 여성복에만 있으며 남성복에는 없는 아주 '사소한' 부속물이면서 몸을 성적으로 이해한다는 사회적 시선을 뚜렷하게 보여 주는 것, 그것이 바로 뒷지퍼입니다!

여기까지 이야기하고 나면 열 명 가운데 여덟아홉은 속으로 '앗' 하는 작은 탄성을 내지 않을까 생각합니다. 적어도 나는 그랬습니다. 올리기도 내리기도 어려운 뒷지퍼 때문에 가끔 고생을 한 적이 있지만, 그것이 여성복에만 있다는 생각은 하지 못했더랬습니다. 그러니 뒷지퍼가 있는 까닭에 대해서는 생각해 볼 수조차 없었던 거지요. 의식 속에 들어와 있지도 않은 일을 생각할 수는 없으니까요.

여성복에서만 볼 수 있는 특징이 이것만은 아닙니다. 예를 들어 여성복에는 주머니가 없는 경우가 남성복보다 많다고 합니다. 그러나 여성의 몸을 바라보는 사회적인 시선을 아주 특징적으로 보여 주면서도, 그런 시선이 스며들어 있는지조차 잘 인식되지 않는 예로 뒷지퍼를 들 수 있겠습니다. 남성복에도 뒷지퍼가 가끔 있지만 대부분 목뒤 부분에 짧게 올렸다 내렸다 할 수 있는 지퍼 정도

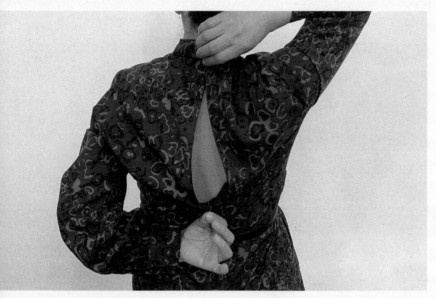

뒷지퍼가 허리까지 깊숙이 파여 다른 사람의 손을 빌리지 않고는
입고 벗기 힘든 여성복

이고, 여성복에서처럼 허리까지 깊숙이 파인 경우는 보지 못했습니다.

사람의 손은 앞으로 움직이기가 훨씬 쉬운 법. 뒷지퍼는 사용하기가 불편합니다. 때로는 다른 사람의 손을 빌리지 않고는 입고 벗을 수도 없습니다. 기능성만으로 옷을 설명할 수는 없지만 뒷지퍼가 달린 옷은 기능성이 아주 많이 떨어집니다.

그렇다면 기능성과 효율성을 무엇보다 추구하고 그것이 실현 가능한 요즘 사회에서(지퍼 자체는 단추의 기능을 대신하는 훌륭한 물건입니다) 왜 불편하기만 한 여성복의 뒷지퍼는 살아남았을까요?

뒷지퍼는 기능성하고는 거리가 멀고, 주로 실루엣이 중요하게 생각되는 옷에 쓰입니다. 이런 점을 생각한다면 우리가 여성-몸을 남성과 동등한 기준으로 생각하지 않는 것은 아닐까 하는 해석을 해 볼 수 있습니다. 누군가 여성복은 당연히 실루엣이 중요하지 않냐고 말한다면, 왜 그런지 어떻게 그것이 당연한지 질문해야할 것입니다.

말했듯 뒷지퍼가 달린 옷은 때로 다른 사람의 도움 없이는 스스로 입고 벗기조차 어렵습니다. 그런데 우리는, 여성 스스로도, 너무 익숙해져 뒷지퍼가 여성복에만 있다는 사실을 인지조차 하지 못합니다. 그래서 '왜?'라는 질문도 하지 않습니다. 아니 못 합니다.

브래지어도 비슷합니다. 브래지어를 하는 것이 여성의 의무처럼 여겨지는 것에 대한 비판은 접어 두더라도, 기능적으로는 앞여밈이 마땅한 브래지어의 여밈은 거의 대부분 뒤여밈입니다. 왜 이런 일이 생긴 것일까요? 여성들조차 이 불편함을 참고(?) 있는 까닭은 무엇일까요?

우리 사회가 몸이라는 공간을 성/젠더적으로 불균등하게 바라보고 있고, 그 불균등한 시각은 위에서 살펴본 두 가지 사례 말고도 여러 곳에서 확인할 수 있습니다.

일상에 깊이 뿌리박혀 의문조차 가지지 않는 현상들이 있습니다. 어찌 보면 아주 작고 사소해 보이는 이런 여성-몸과 남성-몸을 바라보는 사회적 시선과 해석들이 층층이 그것도 아주 촘촘히 쌓여, 성별적 몸-인식이라는 아주 단단한 성을 쌓아 온 것은 아닐까요?

집은 성중립적인 공간일까?

온갖 매체에서 집을 주제로 한 프로그램이 인기라고 합니다. 공간에 관심이 많은 사람으로서 반가운 일입니다. 그러나 그런 프로그램에서 심심찮게 '사회적 지체 현상'을 발견하면 불편한 마음이들기도 합니다. 우리 사회가 성/젠더적 측면에서 많이 달라졌고 진보했다는 생각이 들다가도, 아직도 제자리걸음인 부분을 보는 기분이지요.

자주 눈살이 찌푸려지는 부분은 주방을 이야기할 때입니다. 단골처럼 나오는 말들이 있습니다. '주방은 안주인의 공간이다' '아내가 바라던 부엌을 만들었다' 같은 말이지요.

21세기가 시작되고도 20여 년이 지났지만 여전히 주방은 '여성의 공간'으로 묘사됩니다. 그러니 맞춤 주방이니 시스템 주방이니 떠들지만, 싱크대의 높이는 여성의 평균 키에 맞춰져 있고, 키 큰 남성이 두 다리를 쩍 벌리고 설거지를 하는 우스꽝스러운 장면이 방송을 탑니다.

아직 현실이 그렇지 않냐고요? 맞습니다. 나도 그렇다고 생각합니다. 그렇지만 만약 주방이 성에 관계없이 사용하는 공간이라고 여긴다면 기업들이 벌써 움직였겠지요? 높이를 조정할 수 있는 싱크대를 개발한다든지 해서 이 문제에 어떤 식으로든 반응했을 거라 생각합니다.

이런 상황은 살림과 육아를 책임지는 사람이 여성이라는 인식이 여전히 강하다는 점을 보여 줍니다. 예를 들어 비슷한 조건으로 일을 하는 맞벌이 부모가 있을 때 아이가 아프면 조퇴를 하는 사람은 아마도 어머니일 확률이 높을 겁니다. 실제로 남성보다 여성이 살림과 육아에 대한 일차 책임자라고 생각하는 경우도 많고, 맞벌이더라도 여성이 살림과 육아에 남성보다 두세 배 더 많은 시간을 쏟는 것으로 조사됩니다.

주방이 제2의 거실이거나, 가족 모두에게 가장 중요한 공용 공간이라고들 말하지만, 여전히 그 공간의 주인은 (원하지 않는 경우에도) 여성으로 여겨질 때가 많습니다.

이와 반대로 집이라는 공간이 남성을 소외시키기도 하는 것 같습니다. 특히 여러분의 아버지 말입니다. 아버지들에게 "집에서 본인의 공간이 어디라고 생각하세요? 본인의 공간이 있나요?" 같은 질문을 하면 대부분 격하게 반응합니다. 공간이 여유로워서 작업실이나 서재를 따로 두는 경우가 상대적으로 적다는 점을 감안하면, 집에서 자기만의 공간이 없(다고 느끼)는 사람이 아버지인 경우가 다수라고 생각됩니다.

부부와 자녀 한두 명이 사는 보통의 집을 상상해 보겠습니다. 안방(침실)과 주방은 어머니가 주도하는 공간이고 자녀들이 방을 한 칸씩 차지하고 나면, 아버지가 주도하는 공간은 거의 남지 않습니다. 거실 텔레비전 리모컨조차 마음대로 할 수 없다고 하소연하는 아버지들이 꽤 있습니다. 설사 리모컨 주도권을 가진다 해도, 자기만의 '방'이 있는 식구들이 오가는 거실(공용 공간)이 아버지에게 '본인만의 둥지'가 되기는 어렵습니다.

물론 남성/아버지가 젊어서부터 집이라는 공간에서 '주인' 역할을 해 왔다면 문제가 되지 않겠지요. 하지만 현재 중년 남성은, 특히 젊어서 집을 하숙집처럼 이용한 사람이라면, 어느 순간 집 어디에도 자기만의 공간이 없다는 슬픈 현실을 맞닥뜨립니다. 누구 잘못이 더 큰지를 따지는 것이 지금 우리의 관심사는 아닙니다. 우선은 '즐거운 우리 집'이 성중립적이거나 성평등하지 않다는 사실을 기억할 필요가 있겠습니다.

모든 사회적 공간처럼 집 또한 성/젠더적으로 이해되고 해석될 수 있는 공간입니다. 이 공간을 어떻게 하면 더 성평등한 공간으로 가꾸어 갈 수 있는지 우리 모두가 그 방법을 찾아야 하지 않을까요? 사회의 기초단위라 할 수 있는 가정-집이 성평등하지 않은데 사회가 성평등한 공간이 될 리는 없기 때문입니다.

'여성 우선 주차장'을 '가족 배려 주차장'으로 바꾼다고요?

대학 젠더 수업을 하다 보면 남학생들이 종종 불만을 말하는 젠더-공간 가운데 하나가 '여성 우선 주차장'입니다. 사실은 나 또한 여성 우선 주차장을 불편하게 생각하는 편입니다. 가끔은 편의를 보기도 하니 긁어 부스럼이다 싶어 입을 꾹 다물고 있으려고 하지

민, 내심 불편했습니다.

2023년 7월 서울시에서 여성 우선 주차장을 가족 배려 주차장으로 이름을 바꾸려 한다는 보도가 있었습니다. '여성 우선'이라는 말에 대한 반감을 줄이면서도 사회적 약자를 보호한다는 명분은 버리고 싶지 않았을 겁니다. 그런데 급격히 낮아진 출생율이 주요 사회문제가 되니 이런 변화가 정치적으로 나쁘지 않은 선택이라고 느껴집니다.

물론 내 생각으로는 '교통 약자 배려 주차장'이라고 이름 지었다면 더 나은 방향이 아니었을까 합니다. 그 까닭에 대해서 찬찬히 살펴보도록 합시다.

먼저, 여성 우선 주차장은 왜 생겨났고 어떤 문제점들이 있었을까요? 이 제도가 처음 만들어질 때는 범죄 예방 목적이 컸다고 합니다. 으슥한 지하 주차장 같은 곳에서 여성이 범죄의 대상이 되어 사회문제가 되었기 때문입니다. 그때도 여성만이 아니라 너무나 쉽게 범죄의 대상이 되는 사회적 약자 전체에 대해 고민했다면 좋았겠지요. 그러나 그때는 '부녀자 보호'라는 사회적 인식이 널리 퍼져 있었고, 여성 운전자 비율도 아주 낮았던 때라 이런 점을 함께 고려하면 이해가 되기도 합니다.

세월이 흘러 상황도 인식도 많이 바뀌었지만, 한 번 생겨난 제도는 제대로 된 장애물을 만나기 전에는 관성으로 굴러가는 경향이 있습니다. 요즘은 밝고 넓은 지하 주차장이 많아지고 여성운전자가 전체 운전자의 절반에 이르러 여성 우선 주차장이라는 공간의 본디 의미가 많이 옅어졌습니다. 그래서 관공서나 (여성이 많이 이용한다고 생각되는) 상업 시설을 중심으로 여성 우선 주차장이 운영되고 있습니다(이는 손님을 많이 오게 하는 방법 중 하나이기도 하고, 사기업이 하는 일이니 공공의 영역에서 개입할 여지가 많지는 않겠습니다).

나는 여성 우선 주차장이 사라져야 할 것들 명단에 이름을 올리는 게 맞다고 봅니다. 앞서 말했듯 이 제도를 처음 만들 때와 달리 우리 사회도, 사람들 인식도 많이 바뀌었고, 현재로서는 부작용이나 불만 요소만 더 커졌다고 보입니다. 처음 만들 때 취지는 사라지고 불필요한 상황에서 여성을 우대한다는 잘못된 인식만 남은 것 같습니다.

여성 우선 주차장이 만들어진 까닭이 여성이 운전에 서툴러서 생겼다고 생각하는 사람도 있지만 실제 교통사고율은 남성보다 여성이 더 낮습니다. 괜한 낙인 효과만 남는 여러모로 불필요한 공간이라 생각합니다. 실효성도 없어 보이고요. 주차장을 사용할 때 통제하는 것도 아니면서 여성 우선 공간이라는 표시만 있는 경우가 대다수이니 말입니다.

여성 우선 주차장은 없애는 게 좋겠다고 생각하더라도 이와 비숫한 사회적 배려의 공간이 필요하다는 사실에 동의한다면, 이참에 더 근본적인 논의를 했다면 어땠을까요? 그런데 서울시의 입장이 가족 배려 주차장에서 멈춘 것은 안타깝습니다. 남성 역차별이라는 여론도 따져 보고, 출생율 감소도 함께 고려하여 나온 정책이라 생각하지만, 주차장이라는 교통 관련 공간에서 누군가에 대한 배려가 필요하다면 그것은 '모든 교통 약자'를 위한 것이어야 한다고 봅니다.

여기서 '교통 약자'는 노인일 수도, 장애인일 수도, 어린아이일 수도, 초보 운전자일 수도 있습니다. 물론 교통 약자라는 사실이 확인되지 않을 때가 많으니 이를 악용하는 사람도 있을 수 있습니다. 그러나 우리 사회가 나아가야 할 길은 모든 교통 약자를 배려하는 방향이어야 하지 않을까요? '여성이 아니라고? 그렇다면 가족', 이런 식이 아니고요.

사실 지하철에서도 이미 비슷한 일이 벌어졌습니다. 초저출생율 시대에 '노약자석'에 눈으로 확인할 수 없는 초기 임산부가 앉을 자리가 없으니 '(초기)임산부(배려)석'을 만들자, 이렇게 된 거지요. 다음엔 또 어떤 이름을 붙여 또 어떤 자리를 '비워 둬야' 할까요? 그리고 그 자리를 비워 두는 것이 너무나 비효율적인 초만원 지하철에서, 그 자리에 앉은 이들에게 경우 없는 사람이라는 낙인을 찍어야 할까요?

지하철 노약자석을 이야기하는 글에서 '노약자석'을 '교통 약자석'이라고 바꾸자는 제안을 한 적이 있습니다. 누구든지, 건강한 젊은이라도 사고로 다친다거나 몸이 갑자기 아프면 언제든지 '일시적 교통 약자'가 될 수 있는 것 아닐까요? 그리고 독일의 지하철에서처럼 원칙으로는 그 공간을 누구나 이용할 수 있게 하되, 그 공간이 필요한 사람의 요청이 있으면 양보하자는 제도도 제안했습니다.

　　'비워 둡시다'가 아니고 '요청이 있다면 비웁시다'로 바꾸는 거지요. 여기에는 배려받는 사람도 일방적으로 어떤 수혜를 받는 것이 아니라 주체적으로 정중하게 양보를 요청할 수 있어야 한다는 생각이 깔려 있습니다.

　　양보하겠냐고요? 그런 생각에 매몰되면 우리 사회는 계속해서 '규제, 통제와 처벌'이라는 구조에 머물러 있어야 합니다. 마치 우리가 객관식 질문에 꼭 맞은 정답을 고르는 선다형 시험만 공정하다고 믿는 수준에서 벗어나지 못하고 있듯이 말입니다. 어디선가는 시작해야 하고, 어느 정도 진통이 있더라도 그 과정을 겪으면서 더 성숙한 사회로 나아가야 하지 않을까요? '진정한 선진국'으로 가는 길, 깨끗하고 안전한 지하철만으로는 부족하다고 생각합니다.

여성과 남성, 딱 두 가지로 나뉜 공공 화장실

우리가 살아가는 시대가 지향하는 북극성 같은 좌표가 있습니다. 개방성, 포용성 같은 것들이지요. 아마 개방성, 포용성이라는 명제에 반대하는 사람은 거의 없을 것이고, 보수든 진보든 우리 사회가 더 개방적이고 더 포용하는 방향으로 나아가야 한다는 것에는 동의할 겁니다. 그러나 언제, 어떻게, 어느 수준까지 같은 구체적인 것이 늘 문제가 됩니다.

이런 상황에서 성소수자(퀴어) 문제는 우리 사회의 보수와 진보를 가르는 리트머스지 같은 역할을 합니다.

2020년 한 여자대학에 성전환자가 입학하는 문제를 놓고 토론이 벌어졌습니다. 끝내 당사자가 입학을 포기해 이 문제가 표면적으로는 마무리(?)되었으나, 언제든 다시 불거져도 이상하지 않습니다. 성전환자 입학을 반대했던 그 학교 학생들 가운데는 스스로를 페미니스트라 생각하는 이들도 있었을 겁니다. 이렇게 퀴어 문제는 전통적 젠더 이슈에 새로운 전선을 만들어 내기도 합니다.

지금 이 주제 전체를 깊이 다루긴 어렵지만 이런 상황이 벌어지게 된 데는 여성(전용) 공간에 다른 성이 '침범'하는 것으로 느끼는 우려가 깔려 있었다고 생각되기에 우리 모두의 공용 공간인 성중립 화장실(모두를 위한 화장실)을 예로 이야기를 이어 가겠습니다. 먼저 성중립 화장실에 대해 설명이 조금 필요할 것 같습니다.

우리가 공공 화장실 앞에 서 있디고 해 봅시다. 뭐가 보이나요? 여성 화장실, 남성 화장실이라는 표지가 보이지요? 최근에는 다른 표지도 볼 수 있습니다. 장애인 화장실 또는 가족 화장실입니다. 이 정도가 현재 우리 사회에서 볼 수 있는 공공 화장실의 구분 방식입니다.

장애인 화장실이 처음 도입될 때는 성별 구분이 없었습니다. 공간이 부족한데 억지로 새로운 기준에 맞추느라 그랬을 것 같지만, 마치 장애인들에겐 성별이 없는 것으로 보여 불편했습니다. 점차 장애인 화장실도 여성용, 남성용으로 구분해 설치되었습니다. 요즘 들어서는 가족 화장실이라는 표지도 볼 수 있게 되었고요.

한 발 더 나아가 모두를 위한 화장실, 성중립 화장실 논의가 시작되었습니다. 그런데 학생들과 이야기해 보면 스스로를 페미니스트로 생각하는 여성들 가운데 적지 않은 이들이 성중립 화장실을 걱정합니다. 적어도 선호하진 않지요.

어떤 방향으로 바뀌는 것이 더 바람직한지 논의하기 앞서 짚고 넘어가고 싶은 것이 있습니다. 공공 화장실에 있는 양성 표지판에 대해서입니다. 젠더 문제에 관심이 있든 아니든, 자신의 성정체성을 남성, 여성 어디에도 속하지 않는 사람 또는 양성 모두에 속하는 사람으로 인식하는 이들이 있다는 사실, 그리고 성별과 성정체성이 일치하지 않는 이들이 있다는 사실을 알고 있거나 적어도 들어 봤으리라 생각합니다.

여성으로 보이지만 스스로를 남성으로 느끼는 사람도 있고, 남성으로 보이지만 자신을 여성으로 느끼는 사람도 있습니다. 자신의 성정체성을 여성과 남성 가운데 하나로 골라야 하는 것에 부담을 느끼는 이들도 분명 있습니다. 존재하는 이들을 투명인간으로 만들 수는 없지 않을까요?

그들의 입장에서 생각해 보면, 여성과 남성, 이렇게 딱 둘로만 나뉜 화장실이 많이 불편하지 않을까요? 어찌 보면 자기 정체성을 일상에서 날마다 '검열'받는 느낌이지 않을까요? 나는 '시스젠더'(성별과 성정체성이 같은 사람)에 속하는 사람이라 이런 불편함을 직접 경험하진 않습니다. 그러나 나도 때로는 어디선가는 약자, 이방인으로서 살아갈 때가 있는지라 그 입장이 간접적으로나마 이해가 됩니다. 예를 들어 독일에서 유학할 때 '공부 마치고 돌아갈 거야?' 같은 (일상적인) 질문을 가끔 그러나 지속적으로 받았고, 이 질문을 받을 때마다 '아, 나는 이 사회에 소속된 사람이 아니'라는 사실을 깨달았습니다. 묻는 의도가 그것이 아니었음에도 말입니다.

여성과 남성, 딱 두 가지 선택지로 나뉜 화장실 앞에서 불편해하는 사람들이 있다는 사실을 기억했으면 합니다. 그 불편함이 그들의 잘못 때문이 아니라는 점도 기억합시다. 그들의 불편을 해결하는 과정에서 또 다른 이들이 불편해지는 일이 있어서도 안 되겠지요.

그렇다면 우리가 노력해야 할 방향은 분명합니다. 더 많은 사람, 가능하다면 모두가 편안하고 안전하게 이용할 수 있는 공공화장실, 공공 공간을 만들어 가야 하지 않을까요? 성중립 화장실이 단 하나의 대안이라고 주장할 생각은 없지만, 이 주장이 우리 사회-공간의 미래 모습에 대한 여러 고민 끝에 나온 주장이라는 것을 이해할 필요가 있다고 봅니다.

모두에게 편안하고 안전한 공공 공간을 만들기 위해 구체적으로 어떤 장치들이 필요할지 충분히 섬세하고 조심스러운 접근이 필요합니다. 그러나 방향은 과감하고 분명해야 합니다. 북극성처럼 말입니다.

강남역 그리고 신당역, '나일 수도 있었다'

젠더 수업을 해 보면 '강남역 사건'으로 젠더 문제에 '눈을 떴다'는 여학생들이 적지 않습니다. '세월호 사건'처럼 사회에서 어떤 분수령을 이루는 사건들이 있는데, 젠더 문제와 관련해서는 강남역 사건이 그런 역할을 하는 것 같습니다.

공공 공간, 그것도 우리나라에서 가장 큰 도시인 서울, 그것도 번화가 한복판에서 젊은 여성이 '이상동기 범죄(묻지마 살인)'를 당한 일은 모두에게 충격이었지만 특히 젊은 여성들에겐 더 그랬다는 것은 이 문장 하나에 고스란히 담겨 있습니다. '나일 수도 있었다.'

인간의 뇌는 생각보다(?) 게으르다고 합니다. 게으른 뇌는 나와 관련이 없거나 내가 불편하지 않은 것까지 생각하는 걸 좋아하지 않습니다. 여행을 하면 즐겁기도 하지만 피곤하기도 하지요. 일상에서는 무료할 수 있지만 편안하기도 합니다. 여행할 때는 뇌가 바쁘고, 일상에서는 뇌가 쉴 수 있기 때문이기도 하지 않을까요?

어떤 사회적 사건을 경험하면서 누가 시키지 않았는데도 '나일 수도 있었다' '내가 ○○○이다'라고 말하는 사람들이 집단으로 존재한다는 것은 그 자체로 주목해야 할 사회적 현상입니다. 어떤 이는 말합니다. 강남역 사건은 여성혐오 사건이 아니라 조현병 환자의 이상동기 범죄일 뿐이고, 그 피해자가 우연히 젊은 여성이었을 뿐이라고. 이 사건이 여성혐오 때문인지, 조현병이라는 질환 때문인지 그 원인을 밝혀내는 것도 중요하겠지요. 하지만 이는 하나의 측면일 뿐입니다. 이 사건을 여성혐오 사건이라고 이해하고 받아들이는 집단이 존재한다는 사실을 있는 그대로 주목하는 것도 중요합니다.

'경제는 심리'라는 말이 보여 주듯 실물경제를 집단 심리가 움직일 수 있는 것과 비슷하게 이 일은 특정 사건의 사회적 성격을 보여 줍니다. 그러니 설명의 문제이기도 하지만, 이해와 공감의 문제이기도 합니다. 설사 어떤 과학적 설명이 이루어진다 해도 없어지지 않을 다른 차원의 문제가 남는 것이니 말입니다.

강남역 사건이 제대로 치료받지 못한 조현병 환자가 저지른 이상동기 범죄이고, 젊은 여성이 피해자였던 것은 우연이었을 뿐이라고 해도, 대다수의 '정상적인' 여성-사람들이 이 사건을 다르게 인식했다는 사실은 여전히 남습니다. 우리가 그들 모두를 '과하게 예민하고 이상한 여자들'로 매도할 생각이 없다면 왜 이런 현상이 벌어졌는지 또한 이해하고 설명하려고 노력해야 하지 않을까요? 다시 말하지만 인간의 뇌는 생각보다 게으르기 때문입니다. 남의 일로 치부할 수 있는 일을 굳이 내 일로 고민하는 인간은 많지 않습니다. '과학적'으로 말이죠!

그동안 내가 해 온 젠더 수업을 담아낸 책《어쩌다 서로에게 괴물이 되었을까?》의 헌사에 이렇게 적었습니다. "최소한의 권리조차 얻지 못했던 이들을 위해, 최소한의 권리 획득을 위해 투쟁했던 이들을 위해, 그리고 아직 안녕하지 않은 이들을 위해."

그렇습니다. 이 땅의 여성들은 이제 최소한의 권리를 획득하기 위해 싸워야 하는 세상에서 살지는 않을지도 모릅니다. 일부에서는 역차별이 얘기되는 세상이니 말입니다. 그런데 이상하게도 이들은(그리고 이들과 함께 살아가는 남성들도 물론) 아직 안녕하지 않습니다.

2016년 강남역 사건, 2022년 신당역 사건. 이 땅의 평범한 여성들은 여전히 이 사회의 일상적, 공공적 공간에서 충분히 보호받는다고 느끼지 못하고, '여성'이라는 이름으로 연대해야 할 필요성을 아직도 느낍니다. 이들이 대단히 깬 사람들이고, 사회문제에 유난히 민감한 이들이거나 페미니스트여서가 아닌데도 '자신의 문제'로 느끼기 때문입니다. 우리 사회가 이 사실을 놓치지 않기를 바랍니다.

물론 모든 문제를 모두가 '자신의 문제'로 느끼기는 어렵습니다. 강조하지만 뇌는 그러기엔 충분히 게으릅니다. 하지만 언제 어디서나 '사회적 약자' 처지에 놓이지 않을 자신이 있는지 한 번만 스스로에게 물어봅시다. 인생에 단 한 번도 주변의 이해와 도움이 필요하지 않을 자신이 있는지요?

장애인 관련 표어가 잘 말해 주고 있지요. '누구나 장애인이 될 수 있습니다.' 이 말에 자신 있게 '나는 아니다' 하고 대답할 수 있는 이가 있을까요? 그런데도 많은 이들은 스스로 또는 아주 가까운 사람이 장애를 가지기 전까지는 무관심하기 일쑤입니다. 어찌 보면 자연스러운 일이기도 합니다. 그래서 의식적인 노력이 필요합니다. 아직은 내 문제가 아니라고 생각되는 사회문제에 관심을 깊기 위해시는요.

'아직은' 장애인이 아니면서도 장애 문제에 관심을 갖는 사람들이 많은 사회일수록 '건강한 사회'라고 생각합니다. 개인적으로는 젠더 문제에 관심이 없고, 세상을 사는 데 불편하지도 않지만, 나와 달리 불편해하고 힘들어하는 이들이 있다는 사실을 알고 그 이야기를 들어주려는 사람들이 많은 사회일수록 '건강한 사회'라고 생각합니다.

자기 문제를 고민하기 위해 일부러 노력해야 하는 사람은 거의 없겠지만, 아직은 자신의 문제라고 생각되지 않는 사회문제에 대해 관심을 갖고 이해하기까지는 많은 노력이 필요합니다. 다른 사람의 아픔과 고통에 얼마나 많은 사람이 어느 정도 공감하는지를 살펴보면 그 사회의 성숙도를 짐작할 수 있습니다.

그런 의미에서 우리 사회가 강남역 사건과 신당역 사건을 어느 정도까지 우리의 문제로 바라보고 있는지 묻게 됩니다. 젊은 여성만의 문제가 아닌 모든 여성의 문제로, 그리고 그 여성들과 함께 살아가는 우리 모두의 문제로 바라보는지 아닌지는 사회 건강성 측정에 중요한 척도가 될 수 있습니다.

짧은 글이지만 우리의 몸-공간에서 출발해 지극히 일상적이며 때로는 개인적이고 때로는 사회적인 공간들을 가지고 젠더-인권에 대해 함께 생각해 보았습니다.

만나는 학생들에게 이렇게 말하곤 합니다.

"우리는 아마 서로 정치 이야기를 하지 않고 함께 살 수 있을지도 모른다. 우리는 아마 서로 종교 이야기를 하지 않고 함께 살 수 있을지도 모른다. 그러나 젠더 이야기를 하지 않고 함께 살 수는 없지 않을까."

성/젠더의 문제는 나의 문제, 우리 모두의 문제입니다. 내 문제에 대해 눈 감는다? 그건 뇌과학적으로도 참 이해하기 어려운 일입니다. 우리 모두의 존재와 삶 전체가 성별적, 젠더적으로 직조되어 있으니 '나는 젠더 문제에 관심 없어'라는 '유체 이탈 화법'은 불가능합니다. 내가 어떤 딸인지 아들인지, 어떤 연인인지 부부인지, 어떤 친구이고 동료인지, 내가 어떤 사람인지, 우리 사회가 어떤 사회인지를 말하는 데 있어 도무지 피할 수 없는 분명한 주제 가운데 하나가 성/젠더의 문제이기 때문입니다.

그러니 이 문제에 대한 젊은이들의 건강한 인식은 우리 사회의 내일을 위해 너무나도 중요합니다. 그런데 말입니다. 내가 만난 청년들 가운데 많은 이들이 놀랍게도 젠더 문제에 대해 대화다운 대화를 해 본 경험이 거의 없다고 고백합니다. 인터넷에서는 익명성이라는 막강한 방패로 무장한 '젠더 전쟁'이 여전히 한창인데요.

우선은 이 불균형에 대한 문제의식을 갖는 일, 그리고 이 불균형을 깨고 실제로 서로 얼굴을 맞대고 젠더 대화를 시작하는 일부터 함께 시작해 봅시다.

인종 차별

김희교

차별과 혐오를 넘어서서
우리는 누구나 소우주

김희교   연세대학교 사학과를 졸업하고 중국 푸단대학에서 중미관계사로 박사학위를 받았습니다. 지금은 광운대학교에서 교수로 재직하고 있으며, 인권연대 운영위원, 인권평화연구원 연구위원으로 활동하고 있습니다. 중미 관계가 동아시아에 미치는 영향과 아시아 민중의 성장이 국제관계에 미치는 연구를 주로 해 왔습니다. 지금은 동아시아 평화체제 구축에 관심이 많습니다.

쓴 책으로 중국 혐오의 기원을 분석한 《짱깨주의의 탄생》과 《안녕? 중국!》을 포함해 그 밖에 여러 권이 있습니다.

나는 대학에서 '나의 역사'라는 교양 과목을 가르치고 있습니다. 청년들에게 자기 삶에 필요한 역사 인식을 일깨워 주고 싶은 마음으로 만든 과목입니다. 이번 학기 이 과목에는 학생 50명 정도가 수강했습니다. 공교롭게도 학생들의 반 정도는 외국인이었습니다. 이전에 없었던 현상이지요. '왕가기'라는 중국인 학생도 있고, '자워히르'라는 우즈베키스탄 학생도 있었습니다.

그러고 보면 어느 시기부터 제가 근무하는 학교 교정에는 외국인 학생들이 많이 늘었습니다. 주로 중국, 베트남, 몽골, 우즈베키스탄 등 비교적 가까운 나라에서 온 학생들이 많이 있습니다. 히잡을 쓴 중동 국가의 학생들도 많습니다. 우리 학교만 외국인이 늘어난 것도 이닙니다. 강연을 하려고 어기저기 다른 지역 대학을 다녀 보면 그곳에도 외국인들이 많습니다. 지난주에는 스카이 대학이라고 불리는 한 학교에 갔더니 그곳에는 백인 학생들이 많이 보였습니다.

지금 여기는 BTS의 나라!

학교 교정에만 외국인들이 많이 늘어난 것이 아닙니다. 홍대 거리를 나가 보면 마치 유럽의 어느 거리에 온 것 같은 착각이 듭니다. 수많은 외국인들이 카페에서 커피를 마시고, 호프집에서 치맥을 먹습니다. 서울에는 이제 그런 거리들이 많습니다. 이태원은 말할 것도 없고, 명동 거리도 비슷합니다. 쉽게 외국인을 만날 수 있지요.

이전과 견줄 수 없을 만큼 수많은 외국 청년들이 한국에 몰려와 있는 까닭은 무엇보다도 한국 문화의 힘 때문일 것입니다. 그들을 만나 이야기해 보면 대부분은 케이팝을 듣다가 한국에 가 보고 싶다거나, 한국 드라마를 보다가 케이컬처를 느끼고 싶어 한국을 찾아왔다고 합니다. 한국은 어느 순간부터 세계인들로부터 가서 보고 싶고, 따라 하고 싶고, 본받고 싶은 것이 있는 나라가 되었습니다.

전문가들도 비슷한 평가를 합니다. 상당히 많은 문화 산업 연구자들이 한국의 문화 산업이 이렇게 성공하게 된 까닭으로 스토리텔링의 힘을 가장 중요하게 꼽습니다. 스토리는 한국인들의 삶과 마음을 반영합니다. 한국 드라마의 이야기나 노래 가사가 세계인들의 마음을 움직이는 힘이 있다는 것입니다. 이 말에 완전 동의합니다. 비티에스(BTS)의 노래를 듣다 보면 세계인들이 왜 한국의 아이돌 그룹에 박수를 보내는지 금방 알 수 있습니다. BTS는 성, 인종, 국가를 넘어서는 더 나은 세상으로 나아가려는 메시지를 계속 보냈습니다.

BTS는 성, 인종, 국가에 상관없이 사람은 누구나 한 명 한 명이 다 똑같은 소우주라고 합니다. 한 명 한 명이 완전한 소우주가 되면 너 안에 내가 있는 세상을 꿈꿀 수 있다고 말합니다. "한 사람에 하나의 역사, 한 사람에 하나의 별 70억 개의 빛으로 빛나는 70억 가지의 WORLD, 사람이란 불, 사람이란 별로 가득한 바로 이곳에서 We shinin'"이라고 노래합니다.

아마도 한국에 있는 수많은 외국인들은 한국이 BTS가 노래한 그런 나라일 거라고 믿고, 확인하고, 느끼고 싶어 왔을 것입니다. 홍대 앞이나 명동 거리는 그런 BTS의 나라를 상징하는 공간입니다. 그곳에서는 국가와 인종에 상관없이 수많은 사람들이 모여 멋진 공간을 만들고 있습니다.

이슬람 사원을 짓다가 지역 주민들의 반대로 공사가 중단된 모습 ⓒ뉴스민

그런데 요즘은 우리나라가 BTS가 노래하는 그런 멋진 나라일까 하는 의문이 들곤 합니다. 얼마 전 대구 이슬람 사원 건립 예정지 앞에 돼지머리가 놓인 사진을 보고도 그런 생각이 들었습니다. 대구에 사는 이슬람 신자들이 이슬람 사원을 지으려고 하자 지역 주민들이 극도로 반대했습니다. 일부 사람들은 이슬람인을 모독하는 의미로 돼지머리까지 가져다 놓으며 이슬람교와 이슬람 교인을 혐오하는 일을 벌였습니다. 혐오라는 방식으로 자기들의 이익을 관철시키거나, 자기들의 분노를 분출한 것이지요.

성공회대 연구 교수인 보노짓 후세인 씨도 비슷한 경험을 했습니다. 인도인인 후세인 씨는 삼겹살을 좋아하고 버스 타는 것을 즐기는 한국인과 별로 다를 게 없는 평범한 청년입니다. 그런데 어느 날 버스 안에서 후세인 씨를 가리키며 "너 더러워, 너 더러워, 이 개 ××야"라며 느닷없이 욕하는 사내를 만났습니다. 그 사내는 "유 아랍(You Arab)"을 잇따라 외쳤습니다. 이 사건은 우리 사회의 혐오가 특정한 이유 없이 벌어지는 단계까지 가고 있다는 사실을 보여 줍니다.

후세인 씨가 이 문제를 경찰로 끌고 간 것은 욕하는 사내가 어쩌다 만난 매우 이상한 한국인은 아니라는 판단 때문이었습니다. 후세인 씨는 한국에 살면서 까닭 없이 욕을 많이 먹고, 알 수 없는 불편함을 자주 겪었습니다. 버스에서 그가 앉으면 옆자리 사람이 자리를 옮기는 일은 자주 일어났습니다. 지하철에서 마주친 사람들이 손으로 코를 막기도 했고요. 공연히 그를 툭 치고 지나가거나 욕을 하기도 했습니다.

조금만 관심을 가지고 살펴보면 이런 일은 생각보다 많이 일어납니다. 결혼을 해서 한국에 살고 있는 우즈베키스탄 출신의 구수진 씨는 여섯 살 난 아들과 함께 동네 대중목욕탕을 찾았습니다. 그런데 목욕탕 주인이 입장을 거절했습니다. 주인은 회원들이 외국인은 받지 않기로 결정했다고 둘러댔습니다. 그러나 구수진 씨는 우즈베키스탄 출신이지만 국적은 한국입니다. 결국 주인은 외국인이어서가 아니라 피부색이 달라서 못 들어오게 한 것이지요. 구수진 씨에 따르면 주인은 다른 피부색을 가진 사람들은 "에이즈와 같은 병이 있을지도 모른다"고 생각하는 것 같았다고 합니다. 대부분의 혐오는 근거 없는 선입견에 의해 만들어진 공포나 편견 때문에 저질러집니다. 우즈베키스탄인들이 에이즈 보균율이 높다는 근거는 어디에도 없습니다.

인도인인 두먼얀 씨는 이태원의 한 술집을 방문했다가 입장을 거부당했습니다. 술집 직원은 "인도인은 안 된다. 규칙이다. 카자흐스탄, 파키스탄, 몽골, 사우디, 이집트 사람은 안 된다"고 말했다고 합니다. 전형적인 인종주의입니다. 사드 사태가 한창일 때도 이런 비슷한 일이 있었습니다. 제주도의 한 편의점에 '중국인 출입 금지'라는 팻말이 붙었던 것입니다. 이러한 사례는 어느 순간부터 우리 사회의 혐오가 단순히 피부 색깔을 넘어 국가로 번지고 있는 것을 보여 줍니다.

어느 사회든 다른 인종이나 국가에 대한 혐오는 어느 정도 존재합니다. 그러나 그런 것들이 어느 순간 폭력의 형태로 나타나곤 합니다. 이때부터는 결코 방치해서는 안 되는 위험한 단계인 것이지요. 한국은 이미 그 단계에 다다르고 있습니다.

"사장님이 새끼야, 새끼야 해요. 근데 뭔 말이에요?" 이주 인권 활동가인 우춘희 씨에게 어느 캄보디아 노동자가 물었습니다. 이 정도는 양반이라고 합니다. '이년, 저년, 가시나, 가시나년'이라고 불리기도 한답니다. 우춘희 씨에 따르면 이런 호칭은 임금 체불, 성폭력 같은 일과 함께 일어납니다. 우춘희 씨는 이런 사람들의 이야기와 삶이 우리들 눈에 전혀 보이지 않는 것이 놀랍다고 말합니다. 그들도 우리와 똑같은 사람이라는 사실을 누구도 말하지 않습니다.

이런 일을 저지르는 사람을 우리는 '인종주의자'라고 부를 수 있습니다. 인종주의는 피부색이나 국적에 따라 사람을 차별하는 사고방식을 말합니다. 우리는 스스로 한국에는 인종주의가 없다고 생각합니다. 반은 맞고 반은 틀립니다. 우리는 인종주의 국가가 될 가능성이 높은 역사를 지녔습니다. 인종주의 국가라고 부를 만큼 심각한 인종주의가 아직 드러나고 있지는 않지만 생각보다 많은 인종주의자들이 생기고 있는 것은 틀림없는 사실입니다. 더욱 심각한 일은 점점 더 인종주의 국가가 될 토대가 마련되고 있다는 것입니다.

'식민주의'에서 시작된 '인종주의'

2023년 6월 프랑스에서는 경찰이 알제리 계통의 한 십 대 소년을 교통법규를 위반하고 도망쳤다는 까닭으로 머리에 총을 쏴 죽인 사건이 벌어졌습니다. 시민들이 이에 반발하여 대규모 폭동을 일으켰습니다. 200여 개 도시에서 자동차 5천여 대가 불타고, 건물 1천여 채가 부서졌으며, 경찰서 250여 군데가 습격당했습니다. 한 미국 언론은 이를 '불타는 프랑스'라고 표현했더군요. 선진국의 대명사인 프랑스가 인종주의 문제로 불타올랐습니다.

이 사건이 한순간에 폭동으로 번질 수 있었던 까닭은 1960년대부터 이어져 온 프랑스의 이민자에 대한 인종주의 문제가 존재합니다. 프랑스는 식민주의 국가입니다. 아프리카를 점령하여 식민지로 삼았고, 수많은 약탈을 일삼았습니다. 그때 프랑스인들은 그들이 정복한 지역의 주민들과 자기들이 다르다는 점을 구별하는 의식을 가지기 시작했습니다. 그들을 차별할 때 가장 쉬운 방법은 피부색으로 구분하는 것이었습니다. 인종주의는 그렇게 시작되었습니다. 프랑스뿐만 아니라 이 시기 식민지를 운영한 영국, 프랑스, 독일 같은 제국주의 국가들의 국민들도 마찬가지였습니다. 이 시기 유색인들은 피부색이 다르다는 점만으로 제국주의 국가의 인종주의자들로부터 차별받고 혐오의 대상이 되었습니다.

제국주의 국가들이 식민지를 운영한 체제와 그 국민들이 지닌 차별적 인식을 '식민주의'라고 부릅니다. 식민주의는 세 가지 축으로 구성됩니다. 우선 다른 국가를 정복한 국가가 운영하는 불평등한 정치경제적 식민지배 체제가 있어야 합니다. 거기에 제국주의 국가 국민들이 식민지 국가의 국민을 피부색으로 구별하고 차별하는 인종주의가 필요합니다. 그러나 이것만으로는 식민주의가 유지되지 않습니다. 정복당한 국가의 지식인과 국민들에게 이러한 지배/식민 체제가 불가피하고 당연하다는 인식이 필요합니다. 이것을 '식민성'이라 부릅니다. 식민성은 식민주의와 마찬가지로 그들이 식민화된 까닭을 인종이나 국가, 민족성의 차이 때문이라고 받아들이는 의식 형태입니다.

식민지배 체제는 식민지 국가가 정치경제적 독립을 이루면 해체됩니다. 다행히도 알제리는 프랑스로부터 독립을 얻어 식민지배 체제가 끝났습니다. 그러나 식민지배 체제가 끝난다고 식민주의가 끝나는 것은 아닙니다. 식민 통치를 했던 제국주의 국가 국민들 가운데서 그때를 그리워하거나, 그때 생겨난 인종주의를 버리지 않는 국민들이 많았습니다. 프랑스도 그랬습니다.

알제리, 모로코, 튀니지와 같은 프랑스 식민지 국가의 사람들이 일자리를 구하기 위해 프랑스로 이주했습니다. 그들은 대개 도시 외곽에 집단으로 모여 살았습니다. 2005년 값싼 집들이 있는 교외 지역 방리유(banlieues)에서도 앞서 말한 것과 유사한 인종주의 사건이 일어났지요. 이 동네 주민들의 대부분은 이민자들이거나 그들의 후손입니다. 이런 지역이 존재하는 것 자체가 프랑스가 화약고를 안고 있는 셈입니다.

물론 프랑스에는 반인종주의자들도 많습니다. 그런 사람들이 '똘레랑스' '관용의 나라'라는 프랑스의 이미지를 만들어 갑니다. 그러나 불행하게도 프랑스에는 이주민을 멸시하는 인종주의자들이 많습니다. 완전히 청산하지 못한 인종주의의 유산이 끊임없이 문제를 만들고 있지요. 알제리 소년이 사망한 사건은 그런 인종주의자들이 일으킨 문제입니다.

이렇게 피부색으로 사람들을 차별하는 인종주의가 국적에까지 확대되고 있습니다. 그런 일을 벌이는 대표적인 나라가 미국입니다. 미국은 본격적으로 식민지를 운영하지 않았지만 어느 시기부터 세계에서 가장 심한 인종주의 국가가 되었습니다. 2020년 미니

애폴리스에서 벌어진 조지 플로이드 사건은 미국의 대표적인 인종주의 사건입니다. 무장도 하지 않은 흑인 남성 조지 플로이드를 경찰이 과잉 진압하여 죽이자 시민들이 항의하여 시위로 이어졌습니다.

주로 흑인에게만 벌어졌던 미국의 인종주의가 최근에는 유색인종 전체로 확대되고 있습니다. 특히 중국이 경제적으로 성장하면서 미국에 많은 영향력을 미치자 아시아인들에 대한 인종주의 폭력이 극심하게 늘어났습니다. 미국 인종주의자들 눈에는 중국인이나 한국인이나 똑같이 찢어진 눈을 가진 '칭크'(동아시아인을 낮잡아 부르는 말)일 뿐입니다. 중국인에 대한 혐오가 커지는 속도만큼이나 아시아인에 대한 총기 사고가 끊임없이 벌어집니다.

왜 갑자기 이런 일들이 폭발적으로 증가할까요? 미국에서 인종주의가 혐오 범죄로 확대되는 데는 인종주의를 그들의 정치적 목적에 활용하려는 집단이 많은 영향을 끼쳤습니다. 미국의 정치인 중에는 인종주의를 활용하여 자신의 정치적 목적을 이루고자 하는 사람들이 많습니다. 대표적인 인물이 트럼프 전 대통령입니다. 코로나19 시기 미국에서는 코로나19를 '우한바이러스'라고 불렀습니다. 트럼프 전 대통령은 중국과 싸우기 위해 미국인들의 중국 혐오를 적극 활용했습니다. 중국과 코로나를 연결시키는 트윗을 자주 했습니다. 오클라호마 대학의 국승민 교수에 따르면 트럼프

가 그런 트윗을 올릴 때마다 미국 전역에서 인종차별 트윗이 20퍼센트 이상 증가했고, 아시아인에 대한 혐오 범죄는 8퍼센트 이상 늘어났습니다.

만보산 사건과 짱깨, 식민지 조선에서 시작된 우리 안의 인종주의

한국의 인종주의를 연구해 온 정희옥 교수는 "우리는 150년 전부터 지독한 인종주의자였다"고 주장합니다. 인종주의는 앞서 말한 식민주의와 관련이 있습니다. 식민주의는 다른 국가나 인종을 지배하는 것이 기본 목표입니다. 당연히 인종 혐오를 조장하고 차별을 제도화합니다. 다시 말해 우리나라가 쉽게 인종주의 국가로 바뀌고 있는 까닭은 식민주의를 제대로 청산하지 못한 것과 관련이 있습니다.

일본 근대화의 아버지라고 불리는 후쿠자와 유키치는 대표적인 식민주의적 인종주의자입니다. 일본 사람이지만 서구의 인종주의를 받아들인 사람이지요. 그는 조선을 식민화하려고 스스로 인종주의자가 됩니다. 조선과 중국을 '완고하고, 고루하며, 편협하고, 의심 많으며, 겁 많고 게으르며, 잔혹하고 염치없는' 모든 것이 다 문제인 민족으로 묘사합니다. 유럽이나 미국의 식민주의자들이 지녔던 생각을 조선과 중국에 그대로 적용한 것입니다.

이런 식민주의적 인종주의자들은 일본에 식민화된 조선에서도 많이 탄생합니다. 19세기 말 일본을 통한 서구화에 앞장섰던 개화파들이 만든 독립신문에는 '미국을 문명국, 일본을 개화국, 대한제국을 반개화국'이라고 부르는 서구적인 세계관이 유입됩니다. 세계를 서구를 표준으로 삼고 나머지 국가와 위계질서를 세우는 일은 식민주의의 한 형태입니다.

개화파의 대표 인물인 윤치호는 "정의와 평화는 우월한 인종이 열등한 인종을 파멸시킬 때만 달성할 수 있다"고 말했습니다. 그는 "한 민족이 스스로 통치할 능력이 없을 때 더 개화되고 더 강한 인민에게 통치되고 보호받는 것이…좋다"고 생각했지요. 춘원 이광수는 한 걸음 더 나아가 아주 뿌리 깊은 식민성을 지닌 인물이 됩니다. 그는 조선인은 "허위되고, 공상과 공론만 즐겨 나태하고, 서로 신의와 충성이 없고, 이기적이어서 사회 봉사력과 단결력이 없"다며 민족을 개조해야 한다고 주장합니다.

다행히 우리는 일본으로부터 해방되었습니다. 그러나 불행히도 그 해방을 우리 힘으로 이루지 못했지요. 미국의 힘을 빌어서 이루어 냈습니다. 미국은 우리를 공짜로 해방시켜 주지 않았습니다. 우리 영토에 주한미군을 주둔시켰고, 우리 정부에 전시작전권을 주지 않았습니다. 수시로, 다양한 방식으로 한국 정치에 개입하기도 했습니다. 한국의 엘리트들은 미국 유학을 하고 미국적 세계관을 지속적으로 받아들였습니다. 그리다 보니 우리는 식민주의를 제대로 청산하지 못했습니다. 일본의 식민주의가 미국의 식민주의로 대체되었습니다. 미국의 직접 통치를 받지는 않지만 미국의 인종주의를 받아들였고, 미국의 시각으로 세계를 바라보는 식민성을 지니게 되었습니다.

'짱깨'라는 용어는 식민지 조선에서 탄생했습니다. 일본이 조선을 침략하자 "호탕하고, 선의가 있으며, 부유한 사람"으로 생각되던 중국인이 "더럽고 시끄럽고 악착같은 사람"으로 바뀝니다. 그때부터 중국인을 짱깨라고 부르는 조선인이 나타났지요. 그 중심에는 친일파들이 있었습니다. 그들은 떠오르는 일본에 대한 선망, 조선으로 넘어온 중국인 노동자들이 일자리를 뺏어 간다는 공포감, 한국에서 자리 잡기 시작한 중국인 상인에 대한 경계심을 이용하여 중국 혐오를 조장했습니다. 그들은 중국인을 야만인으로 규정하고 문명국인 일본의 편에 서서 중국을 몰아내자는 적대감을 키웠습니다.

식민지 조선에서 만들어진 중국인에 대한 인종주의는 엄청나게 끔찍한 비극을 낳았습니다. 1931년 만보산 사건은 우리의 식민주의적 인종주의가 낳은 인종 학살이었습니다. 조선일보가 "만주 지역에서 중국인들이 한국인을 공격한다"는 오보를 내자, 조선에 거주하던 중국인들에게 조선인들이 몰려가 200여 명 이상을 죽였습니다. 유태인 학살처럼 지속적으로 이루어진 것은 아니지만 우리가 결코 인종주의로부터 자유로운 민족이 아니라는 것을 보여 주는 단적인 예입니다.

더욱 심각한 것은 우리는 단 한 번도 만보산 사건을 불러일으킨 식민주의적 인종주의를 청산하기 위해 제대로 교육한 적이 없다는 것입니다. 포털 사이트에서 '만보산 사건'을 검색해 첫 번째로 뜨는 한국민족문화대백과 사전을 보면 만보산 사건을 일본 식민 정책의 잘못으로 기록하고 있습니다. 사람이 사람을 몽둥이로 때려 죽여도 괜찮다고 믿었던 조선인들의 식민성에 대한 반성은 완전히 빠져 있습니다. 잘못 만들어진 식민주의적 인종주의가 청산되지 못했으니 그런 식민주의가 순식간에 부활하는 것은 당연한 일입니다.

우리나라에서 한동안 사그라들었던 중국인에 대한 인종주의가 부활한 것은, 무엇보다도 우리에게 매우 큰 영향력을 미치고 있고 우리가 늘 옳다고 믿는 미국이 그렇게 하기 때문입니다. 1990년대부터 미국은 중국이 정치경제적으로 미국을 위협할 힘을 갖추자 중국을 견제하려고 중국을 나쁘게 말하기 시작했습니다. 중국의 부상이 미국의 패권을 무너뜨리기 시작했기 때문입니다. 사실 중국이 성장하면서 경제적 기회를 많이 얻은 한국이 중국을 나쁘게 대할 까닭은 없습니다. 그러나 어느 시기부터 한국은 세계에서 중국을 가장 싫어하는 국가로 바뀌었습니다. 반대로 미국은 한국이 가장 좋아하는 국가이지요.

가난과 인종주의가 결합해 만들어진 차별의 공간, '차이나타운'과 '대림동'

인종주의는 일종의 마음의 병입니다. 흰 고양이를 좋아하는 사람이 검은 고양이를 학대하는 것은 거의 본 적이 없습니다. 그러나 백색인종을 좋아하는 사람이 유색인종을 싫어하는 경우는 매우 많습니다. 한국 고양이를 좋아하는 사람이 중국 고양이를 싫어하는 경우를 본 적도 별로 없습니다. 그러나 인종주의라는 병에 걸린 사람들은 마음속에 자기만의 지도를 가지고 사람과 사람을 피부색이나 국적에 따라 구분하고 차별합니다. 이를 팔레스타인 출신의 미국 학자 에드워드 사이드는 '심상지리'라고 불렀습니다. 쉽게 말해 마음속에 지도가 있다는 뜻입니다.

이런 인종주의적 심상지리가 현실에서 나타나는 것이 공간에 대한 구획입니다. 미국의 반인종주의 운동가 이브람 X. 켄디는 이를 '공간 인종주의'라고 부릅니다. 미국의 인종주의자들이 가장 오래 집착했던 것이 식당에 흑인이 들어오지 못하게 하는 일이었습니다. '개나 흑인은 들어오지 말라'는 안내판까지 붙인 곳도 있었지요. 버스에서도 백인 자리와 흑인 자리가 정해져 있었습니다. 혐오와 차별이 극단으로 치달으면 혐오하는 피부색이나 국적을 가진 사람들과 같은 공간에 살지 않도록 배치합니다. 그들과 같은 공간에서 살고 싶지 않다는 심상지리가 강하기 때문입니다.

　미국의 반인종주의자들이 지금까지 열심히 싸운 덕분에 요즘은 드러나는 공간에 대한 차별은 없어졌습니다. 지금은 흑인이라고 해서 들어갈 수 없는 식당은 없습니다. 그러나 공간을 통한 인종주의가 결코 사라지지는 않았습니다. 공간을 통한 인종주의는 법과 도덕을 뛰어넘어 존재하곤 합니다. 인종주의가 가난과 결합하여 공간을 구분하고 차별하는 방식으로 나타났기 때문이지요. 쉬운 예로 미국 대도시에 있는 할렘가를 들 수 있습니다. 어떤 법에서도 흑인들만 그곳에 모여 지내라고 규정하지 않습니다. 다만 흑인들을 구조적으로 가난하게 만들어 그런 곳에서밖에 살지 못하도록 만들었습니다. 대개 가난한 동네에서 가난한 부모 밑에서 태어나, 제대로 된 교육을 받지 못하고 저임금 노동자로 할렘가에서 살아가게 됩니다.

　미국의 인종주의가 어떻게 유색 저임금 노동자와 결합하여 특정한 공간을 만들어 내는지 캘리포니아 지역의 차이나타운을 보면 알 수 있습니다. 차이나타운은 독특한 풍광 때문에 관광지로 유명하지만, 슬픈 역사도 함께 지닌 곳이지요. 이 차이나타운은 미국 자본주의 발달의 역사와 궤를 같이 합니다.

1870년대 산업화를 완성한 미국은 시장을 확대하려고 대대적으로 서부 개발을 진행합니다. 대륙횡단철도 사업은 미국 자본주의 역사의 핵심 사업입니다. 힘 있는 국가의 국가 프로젝트에는 대개 힘없는 국가의 노동자들이 동원되지요. 미국 건국 초기, 유럽에서 넘어온 이민자들이 미국의 기초를 세울 때 아프리카 흑인을 동원했다면, 자본주의를 서부로 확장하는 데는 중국인 노동자들을 동원했습니다. 차이나타운은 그때 동원된 중국인들이 중국으로 돌아가지 못하고 남아 만들어진 지역입니다. 가난하기 때문에 변두리에서 함께 모여 살 수밖에 없었습니다.

그런데 미국은 아프리카에서 흑인을 데려와 노예로 만들었듯이 중국에서 저임금 노동자를 데려와 대륙횡단철도를 건설한 뒤 용도가 사라지자 인종차별을 하기 시작했습니다. 이른바 '황화론'이 이때 등장합니다. '노란색 인종이 미국을 잡아먹을 것'이라는 공포를 조성했지요. 미국은 황화론을 활용하여 중국인에 대한 차별을 정당화합니다. 중국인 배척법도 만들어집니다. 그 결과는 뻔합니다. 중국인은 미국인에 견주어 저임금을 받는 것이 당연해집니다. 저임금을 받는 외국인 노동자들은 당연히 외곽 지역에서 집단 거주할 수밖에 없게 됩니다.

한국에서 가장 차별적인 심상지리가 작동하는 곳이 바로 서울의 대림동입니다. 대림동은 조선족이 집단으로 거주하는 곳입니다. 정말로 조선족은 폭력적이고, 대림동은 무법천지이고 불법의 온상일까요? 사실과 완전히 다른 편견입니다. 정부가 발표하는 자료를 보면 지난 십여 년 동안 외국인이 범죄를 저지르는 비율은 내국인 범죄율의 절반 정도입니다. 조선족이 대부분인 중국인 범죄율은 내국인 범죄율에 견주어 낮을 뿐만 아니라 다른 국가의 외국인 범죄율에 비해 높은 편도 아닙니다.

보통 이주민들은 어쩔 수 없이 집단으로 거주하게 됩니다. 집단 거주하는 가장 큰 까닭은 이주민들은 저임금 노동자가 대부분이어서 주거비가 싼 곳으로 내몰립니다. 대림동은 서울에서 가장 주거비가 싼 곳 가운데 하나였습니다. 한편으로 한국인들의 배척이나 혐오도 있습니다. 독특하면서 어눌한 말투는 한국인들이 조선족을 열등한 인종으로 분류하는 기준이 됩니다. 그런 까닭에 모여 살아야만 숨 쉴 공간이 조금이나마 마련됩니다. 특히 교육 문제는 모여 살게 만드는 가장 큰 이유입니다. 조선족 아이들은 학교에서 왕따를 경험하기 일쑤입니다. 물론 문화 차이도 있습니다. 모여 살면 그들이 선호하는 생필품이나 식재료 구입이 쉬운 뿐만 아니라 더 싸게 살 수도 있지요.

인종주의적 심상지리가 쉽게 다른 사람에게 전파되는 핵심 고리는 인터넷과 문화 상품이라는 새로운 공간입니다. 주변을 둘러

우리나라에서 가장 차별적인 심상지리가 작동하는 곳,
서울시 대림동 ⓒ조천현

영화 〈범죄도시〉 중 한 장면

보면 서울에 살면서도 대림동에 실제로 가 봤다는 사람은 별로 없습니다. 그들은 대부분 에스엔에스(SNS)나 대중매체를 통해 대림동에 대한 정보를 얻습니다. 영화〈황해〉에서 시작된 조선족 비하와 혐오는〈청년경찰〉이나〈범죄도시〉에 이르면서 하나의 장르처럼 자리 잡았습니다. 그러다 보니 자연스럽게 조선족이 모여 사는 대림동은 공권력의 영향력이 미치지 않는 불법 지역으로 여겨졌고, 조선족은 무시하거나 혐오해도 되는 존재가 되었습니다. 코미디 프로그램은〈황해〉에 나오는 조선족 캐릭터의 말투를 흉내 내면서 조선족을 바라보는 시각을 사실로 만들었습니다. 이미 우리에게 조선족 말투는 촌스럽거나 미개하다는 것을 보여 주는 상징으로 자연스럽게 느껴집니다.

하지만 그나마 대림동에 사는 이주민들은 그래도 좋은 환경에서 사는 편입니다. 딸기밭, 고추밭, 토마토 농장, 돼지 농장에서 일하는 이주 노동자들은 대개 가건물이나 조립식 패널, 비닐하우스 내 시설에서 삽니다. 경기도 이천에 사는 캄보디아 여성 썸낭 씨는 농장에서 일합니다. 썸낭 씨가 일하는 곳을 이웃집 아주머니들은 '돼지우리'라고 부릅니다. 돼지우리라고 부를 만큼 열악한 환경보다 썸낭 씨를 힘들게 하는 것은 그들이 사는 곳을 돼지우리라고 부르는 일입니다.

우리나라 사람들이 아랍인이나 흑인, 그리고 조선족에 대해 가지는 우월 의식은 동전의 양면처럼 서양인에 대한 열등 의식과 연결되어 있습니다. 식민성은 그렇게 작동됩니다. 한국인과 결혼한 오슬로 대학의 박노자 교수는 혼혈인에게 대놓고 '튀기'라고 부르던 시절부터 한국에서 살았습니다. 아이가 학교에 들어가야 할 때쯤 박 교수는 가까운 사람들에게 아이를 한국 초등학교에 보내는 것이 망설여진다고 말했습니다. 그러자 돌아온 대답은 "걱정하지 마세요. 우리나라에서는 흑인 혼혈아는 푸대접해도 백인 혼혈아는 예쁘다고 우대해요"였다고 합니다. 한국 어디서나 존재하는 '인종 우대'입니다. 내가 근무하는 학교에도 백인 영어 교수는 있지만 흑인 영어 교수는 없습니다.

한국에서 백인은 어디에서도 우대받기에 백인 거주촌 같은 것은 따로 없습니다. 깻잎을 따는 백인을 본 적이 없습니다. 가사도우미를 하거나, 건설 현장에서 일하는 백인도 본 적이 없습니다. 왜일까요? 구조적으로 백인들은 한국 사회에서 늘 비교 우위에 놓여 있습니다. 깻잎 농장에서 일하면 한 시간에 최저임금의 반도 받지 못합니다. 그러나 많은 백인들은 그 땅에서 태어나면 사용할 수 있는 모국어인 영어를 가르치면 한 시간에 최저임금의 몇 배를 받을 수 있습니다.

고임금을 받는 백인들은 마치 자기가 반인종주의자라고 착각하면서 살 수도 있습니다. 미군 부대 옆 이촌동에 가 보면 참 많은 국적과 인종의 사람들이 어울려 삽니다. 나도 잠깐 살아 본 적이 있습니다만 드러나는 인종차별은 거의 없습니다. 대부분의 백인들도 아주 우아한 미소로 다른 국적과 인종의 사람들을 대합니다. 그러나 반인종주의 운동가 켄디에 따르면 반인종주의자는 다른 인종을 대하는 감정이나 태도, 인지의 문제가 아니라고 주장합니다. 인종주의 정책이나 권력과 싸우지 않는 사람은 다 인종주의자라고 합니다. 그렇게 본다면 조선족에 대한 차별이나 비닐하우스에 사는 이주민의 처우와 싸우지 않는 사람은 다 넓은 범위에서 인종주의자라고 볼 수 있습니다.

차별과 혐오를 없애고 BTS의 나라가 되기 위해

한국인들의 인종주의가 얼마만큼 심각한지 알고 싶어 이번 학기 나의 역사 수업을 듣는 학생들에게 설문조사를 해 봤습니다. 실명을 밝히지 않았기에 누가 답했는지는 알 수 없습니다만 한국 학생들은 대체로 미국에는 매우 높은 호감을 보였습니다. 반면 중국인이나 베트남인은 비호감이라는 응답이 많았습니다. 특히 조선족에 대해서는 이십 대 한국 남학생들 상당수가 매우 부정적이었습니다. 외국인 남학생들의 결과와 매우 달랐습니다. 이십 대 여학생들과도 매우 차이가 나는 결과였습니다.

이런 결과는 김유훈 선생님이 서울 A고등학교 학생들을 대상으로 조사한 학생들이 중국을 바라보는 이미지 연구에서도 비슷하게 나타납니다. A고등학교 학생들도 다른 국가를 "선진과 후진 혹은 미개와 차별적 시선"으로 바라본다는 사실이 이 연구에서 드러났습니다. 이런 시각으로 다른 국가를 바라보면 미국에 대해서는 과도한 호감이, 중국이나 베트남 같은 국가에 대해서는 비정상적인 비호감이 나타날 수밖에 없게 됩니다.

그렇지만 이 두 가지 설문조사 결과는 약간의 희망도 보여 줍니다. 아직 우리나라가 인종주의 국가로 변하지는 않았다는 점입니다. 많은 한국 학생들이 중국 학생이나 동남아시아, 중앙아시아에서 온 학생들에게 막연한 혐오 감정을 느끼고는 있지만 구체적인 행동을 하는 단계로는 발전하지 않았습니다. 외국인 학생들도 한국에서 차별이나 혐오를 당한 경험이 많지 않았습니다. 실제로 외국인을 만난 학생들은 좋은 감정으로 쉽게 바뀌기도 했습니다. 한 한국인 남학생은 "수업을 들으며 경험해 본 외국인들은 다 좋은 사람들이었다"고 말했습니다.

미국의 퓨리서치센터 같은 힘센 기구들이 '중국인이 좋냐? 미국인이 좋냐?'고 물으며 혐오를 부추기고 있지만 그런 꾐에 쉽게 넘어가지 않는 학생도 있었습니다. 가장 싫어하는 국가가 어디냐는 물음에 "각 나라별로 내가 가진 이미지는 있지만 일반화시키기에는 정보의 한계와 표본이 충분하지 않다"고 대답한 학생이 있었습니다.

어느 국가가 좋으냐 싫으냐는 물음 자체가 굉장히 인종주의적입니다. 어느 국가든 좋은 점이 있고 나쁜 점이 있습니다. '중국이 싫은지, 좋은지' 묻는다면 싫다고 대답하는 비율이 매우 높게 나옵니다. 그것은 심상지리로 답할 가능성이 높기 때문이지요. 그러나 실제적이고 현실적인 질문을 던지면 다른 결과가 나옵니다. 여론조사에서 여러 번 '중국과 경제적 교류를 하지 말아야 하느냐' 하고 물은 적이 있습니다. 이 물음에 응답자들은 압도적으로 교류를 계속해야 한다고 말했습니다.

김육훈 선생님이 조사한 고등학생들의 태도에서도 이런 점은 잘 나타납니다. 학생들은 중국이 가장 싫다고 답했습니다. 그러나 우리나라가 중국과 공동의 역사를 가지고 있고, 상호 협력이 필요하다는 점 또한 알고 있었습니다. 따라서 김육훈 선생님은 이렇게 "화가 나 있는 상태"의 학생들에게 "대안적 중국 담론이나 새로운 프레임이 확산되고 교육적인 개입이 적절하게 이루어진다면 개선의 여지가 있다"고 보았습니다. 나도 그렇게 생각합니다. 우리 사회는 김 선생님이 주장하는 대로 "반중 감정을 선동하는 세력만 있지 않고, 반지성적인 선동에 휘말리지 않는 이성이 작동하며, 이웃과 평화롭게 공존하기를 희망하는 동아시아, 세계 시민도 많기" 때문입니다.

그렇다면 우리나라가 인종주의 사회로 나아가지 않으려면 무엇부터 해야 할까요? 가장 먼저 해야 할 일은 우리 안의 식민성을 깨부수는 일입니다. 우리는 지금 동물조차 차별하지 않는 고도의 인권(생명권) 감수성을 지닌 나라가 되었습니다. 그런데 왜 사람에게는 여전히 심각한 차별과 혐오 의식을 가진 사람들이 존재할까요? 앞서 말했듯이 아직 청산하지 못한 식민주의적 인종주의가 존재하기 때문입니다. 지금도 어떠한 목적을 가진 집단들이 끊임없이 우리 안의 차별과 혐오를 조장하고 있고, 우리가 그들의 조작에 쉽게 넘어가고 있기 때문입니다.

차별은 불필요한 구분에서 시작합니다. 백인과 흑인, 미국인과 중국인을 구분해야 할 경우는 매우 적습니다. 최근 미국에서는 끔찍한 총기 사고가 일어나더라도 범인의 국적이나 인종을 밝히지 않습니다. 총기 사고와 인종, 국적은 전혀 상관이 없기 때문입니다. 불필요한 구분을 자꾸 하는 까닭은 차별이 필요한 사람들이 있어서입니다. 고양이를 기르고 싶다면 흰 고양이든 검은 고양이든, 미국 고양이든 중국 고양이든 차별하지 않고 집과 먹을 것을 주고, 보호해야 합니다. 하물며 사람이야 어떻겠습니까. 그런데도 차별해야 한다고 주장하는 사람들은 식민주의적 인종주의자들입니다. 그런 사람들이 많아지면 어떤 일이 일어날까요?

미국 샌디에이고는 미국인들이 가장 살고 싶어 하는 도시로 손꼽혔습니다. 여론조사를 하면 늘 살고 싶은 도시 5위 안에 들었습니다. 그러나 2023년 여름 샌디에이고는 모두에게 불행한 도시가 되었습니다. 더 나은 환경을 찾아 나선 노숙자들이 샌디에이고의 도심을 완전히 점령했습니다. 거리에 마약 냄새가 진동하고, 밤에는 절대 거리를 걸을 수 없는 뉴욕의 할렘과 같은 곳으로 바뀌어 버렸습니다. 영화의 메카 할리우드도, 세계에서 가장 부자들이 산다는 베버리 힐즈도 노숙자들에게 점령당한 것은 마찬가지입니다. 미국에서 우리나라의 홍대나 명동, 이태원처럼 스물네 시간을 활보할 수 있는 거리는 없습니다. 돈 많은 백인들도 뽐내며 걸을 수 없는 도시로 바뀌어 버렸습니다.

미국의 부자들이나 백인들은 인종주의적 세계를 구축해 놓고, 흑인들이나 유색인들을 가난한 동네에 모여 살게 하면 가난한 이들과 같이 살지 않아도 될 줄 알았습니다. 마치 서울의 강남 아파트들이 외부인을 차단하려고 이중 삼중의 방어막을 쳐 두는 것과 마찬가지로 부자 동네와 가난한 동네를 나누면 부자들은 행복하게 살 수 있을 줄 알았던 것입니다. 그러나 이는 공간 인종주의자들의 착각일 뿐입니다. 그런 국가는 이미 아무도 행복할 수 없는 나라가 되었습니다. 인종주의자들이 힘이 센 국가에서 거의 비슷하게 나타나는 현상입니다.

우리는 이미 다민족 국가입니다. 전체 농어업에 종사하는 임금 노동자 열 명 가운데 네 명은 이주 노동자입니다. 채소나 과일을 기르는 노동자들의 비율은 더 높습니다. 만약 우리가 그들을 창고나 돼지우리와 같은 곳에 살게 하거나, 조선족이 사는 대림동을 범죄 도시처럼 인식하고 차별한다면, 이 좁은 대한민국은 순식간에 BTS의 나라가 아니라 모두가 불행한 인종주의의 나라가 될 것입니다. 홍대 거리를 마음 놓고 다니지 못하는 날이 올 것입니다.

지금 여기에서는 국가와 인종을 구분하고 그들을 혐오하고 적대하는 세상을 만들고자 노력하는 사람들과, 성, 인종, 국경을 넘어서는 BTS의 나라를 만들려는 사람들이 한창 싸우고 있습니다. 식민주의적 인종주의자들이 승리하면 아마도 홍대 거리도 밤에는 아무도 걸을 수 없는 그런 나라가 될 것입니다. 차별받은 자들의 분노가 아무 데서나 터져 나올 것이기 때문입니다. BTS의 나라를 만들려는 사람들이 승리한다면 어떤 일이 일어날까요? 아마도 서울은 똘레랑스의 도시 파리보다도 훨씬 멋진, 여지껏 어디에도 없었던 '너 안에 내가 있는 도시'가 될 것입니다. 더 가진 자가 덜 가진 자를 위해 싸우고, 덜 가진 자들은 더 노력한 자를 배려하는 그런 멋진 나라가 될 것입니다. 우리는 그러한 문화의 힘이 있는 나라이기 때문입니다.

장애

강제숙

장애인이 살기 좋은 세상은
모두에게 좋은 세상

강제숙   중앙대학교에서 국어국문학을 공부하고, 일본으로 건너가 동경대학에서 사회학을 공부했습니다. 1995년부터 일본군 '위안부' 피해자 할머니들과 함께 일본 곳곳을 돌아다니면서 '할머니 그림전'을 열기도 하고, 일본군 '위안부' 문제를 해결하기 위해 열심히 활동해 왔습니다. 그리고 장애인이나 원폭 피해자와 같은 소외된 사람들, 전쟁 피해자들의 문제를 해결하기 위해 평화 운동도 해 오고 있습니다.

쓴 책으로 《끝나지 않은 겨울》 《평화의 돌》이 있습니다.

1980년대 초 대학을 다니면서 사회변혁을 꿈꾸던 시절이 있었습니다. 대학에서 국어국문학과를 들어갔을 때는 소설을 쓰고 싶었지만, 당시 군부 독재정권 아래의 세상살이를 공부하다 보니 소설보다 우선 세상을 바꿔야 한다고 생각했지요. 문학 책보다 사회과학 책을 보는 날이 많아졌고, 자연스레 내 눈길은 여성, 장애인, 이주 노동자 같은 사회적 약자들로 향했습니다.

대학교 때 전태일의 존재를 알게 되었습니다. 전태일은 1970년대 공장을 다니다가 어린 여성 노동자의 열악한 노동 현실을 외면하지 못하고 노동 인권을 위해 애쓰다 분신을 했습니다. 1980년대라고 별다르지 않았습니다. 시골에서 살던 십 대 소녀와 소년들은 생계를 위해 서울로 올라와서 당시는 '식모'라 불렸던 남의집살이를 하거나 공장을 다니는 경우가 많았지요.

우리 집 살림살이도 좋은 형편은 아니었지만, 어쩌다 보니 나는 대학을 다니고 교육의 혜택을 받을 수 있었습니다. 소박한 교육 나눔 활동으로 국어 야학 교사를 했습니다.

야학 교사에서 시작된 인권 운동

대학을 졸업한 다음에도 1989년에 한벗회(지금의 한벗재단)와 인연이 닿았지요. 서울 난지도에서 쓰레기를 주워 생계를 잇는 여성들에게 한글을 가르치는 야학 교사 활동을 하다가 어느 날 소록도를 가게 되었습니다.

당시 한벗회는 해마다 자원봉사자를 모아 소록도 봉사 활동을 했는데, 소록도에서 한센병 환자와 처음 만난 날은 30여 년이 지난 지금도 잊을 수 없는 장면으로 떠오릅니다. 일제강점기의 전쟁 피해자이기도 한 여성이 일그러진 손으로 봉사 활동을 온 우리에게 음식을 만들어 나누어 주었던 그 장면. 무언가 비현실적이지만 거부감은 없었던 그 장면은 이다음에 내가 일본 유학을 가서 사회적 약자에 대해 좀 더 깊이 공부할 수 있었던 원동력이 되었습니다.

일본 유학을 다녀온 뒤부터 전쟁 피해자인 일본군 '위안부' 피해자와 원폭 피해자, 베트남전쟁 피해자 지원 활동, 이주 노동자들을 위한 여행 지원 활동을 소박하게나마 시작했습니다. 그리고 2010년 준비 작업을 거쳐 한벗재단 협력이사로서 동남아 장애인들에게 휠체어와 유아차를 전하는 활동을 시작하여 지금도 이어 가고 있지요.

이런 활동을 통해 평화란 전쟁만이 아닌 일상에서 벌어지는 작은 폭력도 반대하는 일, 어떤 특정 집단만의 평화가 아니라 사회적 약자의 인권도 지키는 일, 자연과 조화를 이루며 평화로운 세상을 가꾸는 일로 다가왔습니다.

이 글에서는 장애인의 인권과 평화에 대해 이야기해 보고자 합니다. '존엄한 인간'으로서 장애인의 인권은 소중합니다. 조금 딱딱하겠지만 인권 헌장을 살펴볼까요? 1975년 12월 9일에 국제연합 총회에서 채택된 장애인 권리 선언을 근거로, 우리나라에서도 1998년 12월 9일 장애인 인권 헌장을 선포하였습니다.

장애인 인권 헌장의 앞부분은 이렇습니다.

  • 장애인은 인간의 존엄과 가치를 가지며 행복을 추구할 권리를 가진다.

① 장애인은 장애를 이유로 정치·경제·사회·교육 및 문화 생활의 모든 영역에서 차별을 받지 아니한다.

② 장애인은 인간다운 삶을 영위할 수 있도록 소득·주거· 의료 및 사회복지서비스 등을 보장 받을 권리를 가진다.

그러나 지금의 우리 현실은 장애인 기본권으로서 주거 공간, 교육 공간, 지역 내 자립 생활을 위한 공공시설 공간과 문화 공간이 제대로 자리매김하고 있는지 의문입니다.

또한 장애인 인권 헌장 중에는 이런 내용도 있습니다.

④ 장애인은 자유로운 이동과 시설이용에 필요한 편의를 제공받아야 하며, 의사 표현과 정보이용에 필요한 통신·수화통역·자막·점자 및 음성도서 등 모든 서비스를 제공 받을 권리를 가진다.

이 같은 장애인 인권 헌장의 내용이 실제 우리 삶의 주거와 교통, 교육, 문화 공간 들에서 차별 없이 꾸려지고 있는지 살펴보도록 할게요.

"안녕하세요?"

십여 년 전 알게 되어 우리말로 반갑게 인사했던 A. 짧게 커트를 쳐 어떻게 보면 꽃미남처럼 보이지만, 아직 십 대 후반인 일본 청소년 여자아이입니다.

뇌성마비 장애인으로 휠체어를 타고 한쪽 귀엔 보청기를 하고 있어 고만한 또래 아이들보다 더 어려 보였지요. 전동 휠체어로 혼자 외출할 수 있지만 밥 먹기, 화장실 이용, 목욕 같은 기본적인 일상생활에서 다른 이들의 손을 빌리지 않으면 살아갈 수 없는 장애를 가졌습니다.

하지만 자기가 하고 싶은 일은 스스로 찾아내 적극적으로 도움을 구하는 아이, 성격은 명랑 쾌활하나 체온조절을 할 수 없어 일 년 내내 땀을 흘린다는 아이, 일본군'위안부' 문제 관련 책을 읽고 양진우라는 배우를 좋아해 팬클럽에 가입하고 한국에서 연예인이 되어 살고 싶다는 이 아이가 점점 궁금해졌습니다.

일본에서 한글을 배울 만한 여건이 안 되자 한국행을 결심한 A 모녀는 서울로 사전 답사를 와서 처음 만났습니다. 장애인 문제 관련 단체들과 이화여대, 연세대, 고려대 어학당을 모두 둘러보고, 최종으로 고려대 어학당을 선택해서 여름 한 달 동안 우리말을 배우게 되었습니다. 그 모든 과정을 옆에서 도와주면서 가장 힘들었던 점은 A 모녀가 지낼 곳을 찾는 것입니다.

제대로 앉을 수도 없어 휠체어를 타면 벨트 열 개를 사용해 손발을 고정해야 되는 장애를 가지고 있으니, 우선 문턱이 없어야 하고, 몸을 씻으려면 휠체어에서 욕조로 몸을 옮길 수 있을 만한 크기의 목욕탕이 있어야 합니다.

마땅한 숙소를 찾기가 매우 어려웠습니다. 고려대 근처 호텔과 오피스텔, 하숙집을 하루 종일 걸어 다녔지만 찾을 수 없어 막막했는데, 한벗재단에서 이태원 쪽 호텔을 추천해 주어서 겨우 정할 수 있었습니다.

대학 근처에 새로 지은 건물은 많았지만, 휠체어를 타는 장애인이 살 만한 편의 시설을 갖춘 숙소가 없다는 것이 우리 현실임을 다시 확인한 셈이지요.

'인권'이나 '존엄성'이 얼마나 존중되고 있는지는 약한 사람의 처지에서 볼 때 잘 알 수 있습니다. 쉬운 예로 빌딩이나 식당 화장실을 건강한 사람만 이용할 수 있게 만들었다면 그건 반쪽짜리 인권, 반쪽짜리 존엄성이라 할 수 있습니다. 그런데 우리나라의 빌딩이나 식당 화장실 출입문은 하나같이 너무 좁아 휠체어가 들어갈 수 없습니다. 이는 다른 말로 '장애인은 들어오지 마세요'와 같은 뜻입니다.

결국 지하철 6호선을 타고 다니며 호텔과 학교를 오가는 생활이 시작되었습니다. 딸을 돌보는 일은 어머니의 몫이 되었는데, 다 큰 아이를 목욕까지 시켜 주는 일은 상상하기 힘들 정도로 고된 노동입니다. 어머니는 허리가 아파 늘 허리 고정대를 하곤 했는데, 그 허리가 더욱 탈이 난 모양입니다.

이들이 오사카로 돌아가고 나서 한참 뒤에 내가 오사카를 방문한 적이 있지요. 오사카에 사는 두 모녀는 소득이 없는 생활보호 대상자로서 우리나라의 '임대아파트'와 비슷한 '시영아파트'에서 생활하고 있었습니다.

장애인은 집을 편리하게 이용할 수 있게 개조하는 지원을 받을 수 있다고 합니다. 어떻게 바꾸어 쓰고 있는지 궁금해 집에 들어가 봤습니다. 딸의 장애에 맞춰 작은 평수의 아파트 화장실이 쓰기 편리하게 개조된 걸 보니 한국에 와서 얼마나 불편하고 힘들었을지 더욱 이해가 갔습니다.

어머니는 함께 간 당시 한벗재단의 이사장님과 구청 공무원에게 딸이 사용하는 복지 용구에 관해 열심히 설명해 주었습니다. 한국보다 앞선 일본의 복지 용구는 우리나라 관계자들이 볼 때 부럽기도 하고 배울 점이 많기에 좋은 자극을 줬지요.

어머니는 딸의 어린 시절을 회상하며 다음과 같은 이야기를 들려줬습니다.

"딸에게 초등학교 때 일부러 혼자 집에 찾아오게 했지요. 그러

지 않으면 언제까지나 의존힐 테니까요. 훈련을 오래 해서 지금
은 콘서트도 혼자 가고 오사카 중심지를 다른 이에게 안내할 정
도가 되었습니다."

어머니는 옷 만드는 일을 했지만 딸을 돌보려고 일을 그만둘 수
밖에 없었다고 합니다. 소득 없이 장애를 가진 딸과 살기 위해 사
회복지에 관한 법을 공부하고 장애인 복지 용구를 연구하다 보니
이 분야의 전문가가 된 듯합니다.

'시설에서 지역으로' 관점을 바꾸기

그 시기에 우리나라의 장애인 문제 관련자들은 '시설'에서 '지역'
으로 관점을 돌리기 시작했습니다. 2000년 12월에 일본 오사카와
도쿄, 홋카이도 지역의 장애를 가진 분들을 지원하는 단체가 운영
하는 시설을 답사한 적이 있습니다. 그때 참 많은 장애인과 자원
활동가를 만났는데, 지금도 기억에 남는 인상 깊은 분이 한 분 있
었습니다.

그분은 일본의 장애인 운동이 '시설에서 지역으로'라는 흐름으
로 나아가도록 물꼬를 튼 당사자 가운데 한 분인 오사나이 미치
코 씨입니다. 뇌성마비 장애를 가졌지만 주체적으로 시민단체를
만들고 결혼해서 아이도 낳았습니다. 발로 그림을 그리고 뜨개질

이나 자수를 하면서 돈을 벌어 자립적인 경제생활을 꾸리기도 했지요.

A 모녀가 생활하는 집을 둘러보고 장애인들의 공간과 복지 용구에 자극을 받았던 것처럼, 2001년 한벗재단은 일본에서 자립 생활 운동을 했던 오사나이 미치코 씨를 한국으로 초청해 이야기를 들었습니다. 오사나이 미치코 씨가 쓴 책《당신은 내 손이 되어줄 수 있나요?》를 번역 출판해 장애인 당사자와 장애인 복지 업무를 담당하는 이들에게 좋은 자극을 주었습니다.

일본의 장애인 자립 생활 공간 견학과 교류를 통해 장애인과 장애인 이동 서비스 활동가, 더불어 정책을 수립하는 이들은 장애인이 홀로 지역에서 자립해 생활하기 위해 무엇이 보완되어야 할지 좀 더 깊이 성찰하는 계기가 되었습니다.

장애인 인권 헌장

⑧ 장애인은 가족과 함께 생활할 권리를 가진다. 장애인이 전문시설에서 생활하는 것이 필요한 경우에도 환경이나 생활조건은 같은 나이 사람의 생활과 가능한 한 같아야 한다.

⑫ 혼자 힘으로 의사결정을 하기 힘든 장애인과 그 가족은 인간다운 삶을 영위하기 위하여 필요한 지원을 받을 권리를 가진다.

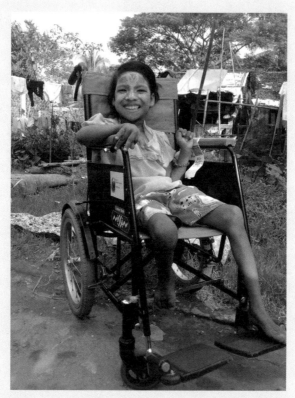

휠체어 기증 지원 활동으로 만난 미얀마 소녀, 휠체어에 올라앉자
수직의 세상이 수평으로 펼쳐졌다 ©강제숙

2001년 오이도역에서 휠체어를 탄 장애인이 지하철을 타려고 이동하다가 휠체어 리프트에서 떨어져 사망한 일이 있었습니다. 그 뒤로 장애인의 이동권 투쟁은 본격화되었지요. 장애인 이동권은 비장애인의 시혜나 배려가 아닌 장애인의 생존이 달린 문제라는 선언과 함께 시작되었습니다.

장애인들이 학교나 병원을 가려고 버스나 전철 같은 대중교통을 이용할 때, 장애인 이동권 문제는 너무나 절실한 문제가 됩니다. 당사자들의 투쟁으로 2005년에 제정된 '교통약자의 이동 편의 증진법'은 장애인 이동권 보장을 위한 법적 근거를 마련했으나, 현실에 바로 적용하기에는 문제가 많아 아직 갈 길이 멉니다.

1990년대 초, 이동권이라는 개념도 잘 모르고 콜택시도 없는 시기에 한벗회(그저 장애인의 벗이 되겠다는 마음을 단체 이름에 고스란히 담았다)는 '한벗 장애인 이동 봉사대'를 꾸렸습니다. 휠체어를 타는 장애인들이 외출할 때 기꺼이 그들의 발이 되어 주는 '장애인 이동 지원 활동'을 시작했습니다. 이 활동으로 좁은 방과 어두운 터널 속 갇힌 일상에서 살았던 이들이 세상 밖으로 나올 수 있었습니다.

바닥에서 생활하던 장애인이 50센티미터 높이의 휠체어에 올라앉는 순간, 수직의 세상이 수평으로 펼쳐지며 세상을 보는 눈이 달라집니다. 그 시선에서 장애인의 놀라운 변화가 시작됩니다.

우리나라는 전동 휠체어가 건강보험 품목에 추가된 2005년부터 수많은 장애인이 수동 휠체어에서 전동 휠체어로 바꿔 타기 시작했습니다. 그때부터 한벗재단은 쓰지 않는 수동 휠체어를 기증받았습니다. 한국도 힘든 시절에 복지 환경이 우리보다 좋았던 나라의 도움을 받았듯이, 이제는 우리가 복지 환경이 어려운 나라에 가서 조금이라도 도와줄 수 있게 되었습니다.

미얀마에서 한벗재단 한국 휠체어 기증 지원 활동을 하면서 만난 열한 살짜리 소녀 P를 잊을 수 없습니다. 무릎으로 방바닥을 기어다녀야만 했던 P에게 휠체어를 전해 주자 P는 그 휠체어에 앉아 환하게 웃으며 말했습니다.

"이제 시장 구경도 하고 학교에도 갈래요!"

누구에게나 학교는 배움의 공간이며 친구를 만날 수 있는 소통과 사회 체험의 공간입니다. 답답한 방 안에서 가족만이 대화 상대였던 장애인은 학교라는 세상이 더욱 절실합니다. 누구나 받아야 하는 교육이지만, 장애인을 위한 교육정책은 어디쯤 자리매김하고 있는지 답답한 현실입니다.

유명한 의과대학에서 실제로 있었던 일입니다. 다리를 몹시 저는 장애를 가진 학생이 입학했습니다. 대학 수업은 강의실을 옮겨 다녀야 하는데 막상 입학해 보니 건물마다 계단이 있었습니다. 그래서 그 학생은 결국 학교를 그만두었습니다. 그 대학은 다음부터 장애 학생을 아예 뽑지 않기로 했구요.

휠체어나 대중교통을 이용할 수 없는 장애인은 세상 밖으로 나가기가 힘들고, 용기를 내서 나가도 위와 같은 현실에 좌절하게 됩니다. 세상의 차별과 편견이라는 큰 벽도 마주하게 되지요. 장애인을 위한 특수학교는 설립 예정 지역의 주민들 반대가 심할 때가 많고, 정치 상황에 휘둘리는 관계 기관의 모호한 결정도 많습니다. 부모와 장애 당사자들의 힘든 상황과 더불어 특수학교를 둘러싼 여러 문제들로 넘어야 할 산이 많습니다. 그렇지만 장애인 당사자들은 학교로, 세상 밖으로 나가기 위해 힘겹게 한 발자국씩 내딛습니다.

전철을 탈 때 장애인들이 벌이는 시위를 더러 마주하기도 합니다. 이 때문에 교통 체증과 불편을 겪기도 합니다. 신문과 방송을 통해 장애인을 위한 특수학교를 지으려는 부모님들이 간절하게 기도하고 행동하는 몸짓을 마주하기도 합니다. 주변의 곱지 않은 시선과 험한 말을 감내하면서 당사자의 목소리를 세상 밖으로 외치는 이러한 노력들이 있기에, 더디지만 세상이 바뀌어 왔습니다.

장애인들의 뼈를 깎는 노력과 투쟁으로 이제는 전철에서 비장애인 어르신과 임산부 들도 엘리베이터를 이용할 수 있게 되었습니다. 나 또한 여든이 넘는 어머니를 모시고 전철을 타기 위해 엘리베이터를 이용할 때는 장애인들에게 빚진 느낌입니다. 장애인이 살기 좋은 세상이 되면 비장애인 역시 살기 좋은 세상이 됩니다.

장애인들이 학교로, 세상 밖으로 나가는 일에 힘을 보태려고 2011년부터는 휠체어를 전하기 위해 동남아시아 답사를 시작했습니다. 더불어 우리나라 장애인들의 국외 여행을 도우려고 일본과 대만, 중국 등지로 여행 기획과 사전 답사도 시작했습니다.

장애인 인권 헌장

③ 장애인은 다른 모든 사람과 동등한 시민권과 정치적 권리를 가진다.
⑦ 장애인은 문화, 예술, 체육 및 여가활동에 참여할 권리를 가진다.

세상 밖으로 떠나는 장애인의 여행

여행은 장애인에게 세상과 소통하고 배움(교육)이 이루어질 수 있는 또 다른 공간입니다. 특히 다리가 불편해서 집 밖을 나갈 수 없는 장애인은 어쩔 수 없이 세상과 단절된 생활을 해야만 합니다. 이때 휠체어와 유아차는 세상과 통하는 또 다른 창이고, 여행의 시작입니다. 수많은 계단과 턱이 앞길을 가로막아도 세상 밖으로 걸음마를 시작할 수 있습니다.

장애를 가진 당사자나 장애인을 돌보는 이들이 휠체어로 외출을 하거나 여행을 할 때 가장 처음 마주치는 걸림돌은 계단입니다. 주위 사람들에게 도와 달라고 해서 그 상황을 해결하기는 하지만, 똑같은 상황이 되풀이되면 계단을 만든 이가 원망스러울 때도 있습니다. 계단을 만든 사람도 나이가 들면 계단에 대해 다른 생각을 해 볼 기회가 생기겠지요. 건물이나 도로를 만들 때 계단과 턱을 줄이면 용기 내서 세상 밖으로 나온 이들이나 나이 들어 다리가 불편한 분들에게 소통의 발판이 될 수 있으리라 생각합니다. 앞서 소개한 오사나이 미치코 씨가 외출이나 여행을 떠나기 전에 심정을 표현한 글은 함께 읽어 보면 좋겠습니다.

장애가 있든 없든 사람은 살아가는 한 무슨 일이든 겪기 마련이다. 좋은 일도 나쁜 일도. 그래서 인생은 즐거운 것이다. 산다는 것은 하루하루가 도전이다. "무슨 일이 나면"이라는 말은 손발을 묶고 마음까지 묶어 버리고 만다. 그리하여

시간을 멈추게 하고, 역사나 문화조차 멈추게 하는 위험성을 갖고 있다. (줄임)

장애가 없는 사람이 여행을 떠날 때도, "무슨 일이 나면 어떻게 하려구"라며 여행을 막을까. 장애가 없는 사람의 경우에는, 졸라도 소용없다며 한숨을 쉬고 용돈을 줄 것이다. 하지만 장애가 있으면 설득하는 데 엄청난 에너지가 든다. 설득하기 어려워 아예 말조차 꺼내지 않는 사람이 많다.

"무슨 일이 나면"이라는 말은 더 이상 쓰지 않길 바란다. 하지만 케어를 받는 쪽의 매너로써, 여행을 떠날 때는 미리 보험을 들고 무엇이 위험한지 케어하는 이에게 주지시켜 두지 않으면 안 된다. 가능한 한 할 수 있는 조치는 모두 취해 두어야 한다. (줄임)

나는 항상, "내가 상처를 입거나 죽더라도 내 책임입니다"라고 쓴 종이를 주머니에 넣어 두려 한다. 그렇게라도 하지 않으면 인생을 즐길 수 없기 때문이다.

한벗재단은 우리나라 정부보다 훨씬 앞서 장애인들을 위한 지원 활동을 해 왔습니다. 장애인 활동 보조인 파견(1987), 장애인 이동 서비스(1993), 장애인 컴퓨터 직업교육(1996), 장애인 웨딩패션쇼(2000), 장애인 보조기기 서비스(2006), 뇌병변장애인 단기 거주

시설(2006), 뇌병변복합장애인 주간 보호실(2007), 장애인용 대형 관광버스 운행(2009), 휠체어 빈곤국 기증(2011), 중고유아차 빈곤국 기증(2015), 와상장애인 이동차량 운행(2023) 활동 들입니다.

특히 서울시에서 가장 처음으로 무장애 관광 코스를 개발해, 장애인 여행에 선구적인 역할을 했습니다. 지금은 누구나 여행을 즐기지요. 하지만 장애인은 그러지 못합니다. 장애인이 여행하려면 비용이 많이 듭니다. 값비싼 장애인 차량을 빌려야 하고, 넓은 화장실이 있는 숙소에서 묵어야 합니다. 그런데 서울의 그 많은 호텔 가운데 장애인 호텔은 한 곳도 없습니다. 일본은 서른한 곳이나 되는데 말입니다. 다른 나라 장애인은 '한국은 갈 수 없는 나라'라고 여행지에서 아예 제외하고 있지요.

서울이 아닌 지방은 더합니다. 장애인이 묵을 수 있는 숙소를 찾기 힘듭니다. 작은 음식점에 장애인 화장실이 있는 곳을 본 적이 있나요? 관광지에 데크로 만든 길이나 전망대가 많이 생겼지만, 입구나 데크 중간에 계단이 있다면 그곳은 장애인들은 출입할 수 없는 구역입니다. 이런 점 때문에 장애인은 여행을 쉽사리 계획하기 힘들지요.

국내 장애인들이 국외로 여행을 떠날 수 있게 계획한 적이 있습니다. 일본과 대만, 중국 등을 답사하면서 수많은 계단과 턱을 마주했습니다. 장애인들이 여행을 하며 다닐 비행기, 식당, 호텔, 놀

수많은 계단과 턱을 마주하면서 떠난 장애인들의 여행 ©강제숙

이공원을 포함한 관광지에서 휠체어가 다닐 수 있는지 수없이 안전을 확인하고 점검합니다. 그런데도 탈이 나서 보완해야 되는 날도 있었습니다. 그래도 기쁘고 행복한 모습으로 여행을 즐기는 장애인들을 보면 아직 부족한 점도 많지만 '내가 이 일을 시작하길 잘했구나' 하고 생각했습니다.

나만의 평화가 아닌 모두의 평화를 위해

2011년에는 휠체어와 함께 국내에서 기증받은 유아차를 베트남과 같은 동남아 국가에 전하기 시작했습니다. 장애 아동을 방에 눕혀 두거나, 일할 때도 아이를 안고 있어야만 하는 엄마들에게 꼭 필요했던 것입니다. 무더운 날씨로 아이를 등에 업을 수 없고, 두 손으로 안아서 키워야 하는 이들에게 유아차는 큰 도움이 되었지요. 휠체어와 유아차가 어떤 이에게는 삶을 바꾸는 기적의 선물이 되기도 합니다. 한벗재단은 기증받은 휠체어와 유아차를 때로는 대량으로 배를 통해, 때로는 여행자를 통해 미얀마와 베트남, 동남아 각 지역으로 전했습니다.

한번은 베트남 중부 지역을 답사할 때, 베트남전쟁 피해자와 대물림되는 고통과도 만났습니다. 외할머니는 베트남전쟁 때 미군이 뿌린 고엽제 피해자였고, 어머니는 정신지체 장애인, 17개월

된 아들은 장애를 가지고 태어나서 걷지 못했습니다. 2014년 겨울, 베트남 꽝치성 여린현에 있는 장애아동센터도 답사했는데, 이 아동센터에서 지내는 아이들은 거의 대부분이 고엽제 피해 아동입니다. 고엽제 증상은 정신지체나 언어장애, 간질, 뇌성마비, 다운증후군, 팔다리 없이 태어나는 장애 등 다양하게 나타납니다. 이곳에서 휠체어가 얼마만큼 필요한지 파악하고, 그해 안에는 휠체어를 지원해야 한다는 숙제를 안고 다음 지역으로 이동했습니다.

 꽝남성 탕빈현 빈영사 지역에서는 휠체어가 필요한 개인들을 만났습니다. 베트남전쟁 때 미국이 꽝남성 산 쪽에 고엽제를 뿌렸다고 합니다. 참전 군인은 한 달에 150만동(약 8만 원) 정도의 수당을 받지만, 고엽제 피해로 고통받고 있습니다. 그러나 이마저도 뒤늦게 등록한 사람은 지원금을 받기 어렵다고 합니다. 이곳은 척박한 모래땅이 많은 지역으로, 한국군이 저지른 민간인 학살로 인한 집단 무덤과 집단 위령비도 있었습니다. 이곳에서 만난 열일곱 살 H는 태어날 때부터 한쪽 다리가 짧고 다른 한쪽 다리는 길었습니다. 다낭에서 물리치료를 받을 때 고엽제 때문에 스무 살까지는 못 살 거라고 말했다고 합니다. H를 만나고 돌아오는 길은 파도가 일렁이고 비바람이 몰아쳤습니다.

베트남전쟁은 끝났지만 지구상에서 독성이 가장 강하다는 다이옥신이 함유된 고엽제는 많은 이들에게 후유증과 고통을 주고 있습니다. 다이옥신은 '느린 총알'이라고도 불리며 그 고통이 천천히 느껴지고, 대를 이어 대물림이 되기도 합니다. 유전병으로 아들에게만 증세가 나타나기도 하고, 아들에게 나타나지 않으면 손주에게 나타나기도 한다니, 이러한 고엽제 문제는 원폭 피해자 문제와 비슷한 점이 많습니다.

일제강점기 때 당시 조선인 청년은 일본의 총알받이가 되었고, 베트남전쟁 때 한국 청년은 미국의 총알받이가 되었습니다. 고엽제 피해를 입은 '대한민국 고엽제 전우회'의 참전 군인들의 고통도 계속되고 있습니다. 누구를 위한 전쟁이었고 누구를 위한 평화였을까요? 옳은 전쟁은 없습니다. 미국의 일방적인 명령으로 저질러진 베트남전 민간인 학살 피해자도, 한국과 미국의 참전 군인도 모두 국가폭력의 피해자입니다. 그리고 전쟁에서는 특히나 가장 약한 사람인 장애인과 여성, 어린이들의 인권이 무참하게 짓밟히고 희생됩니다.

나만의 평화가 아닌 약자의 인권을 함께 지키고 가꾸는 평화, 몸이 불편한 이들도 자유롭게 자신의 공간을 확장시킬 수 있는 세상을 꿈꿉니다. 그러기 위해 우리가 살아가는 곳에서 내가 그 디딤돌이 되면 좋겠습니다.

여행은 나와 만나는 것이며 세상 밖의 또 다른 친구와 만나는 것이기도 합니다. 용기 내서 어디로든 여행을 떠나면 여행지에서 누군가를 만나게 되고 뜻밖의 소중한 친구와 만나기도 합니다. 내가 기증한 휠체어가 장애를 가진 이들이 세상 밖으로 나아가 또 다른 친구를 만나게 해 주기도 하고 새로운 길을 열어 주기도 합니다.

무엇보다 지구촌 곳곳에 친구가 생기면 내 친구가 사는 곳에 폭탄을 던질 수 없지요. 내 친구가 사는 곳이 평화롭기를 원하지, 전쟁을 할 수 없습니다. 나와 우리의 친구를 만나는 여행, 같이 떠나 볼까요?

국가폭력
김성환

국가폭력 없는
민주주의를 이루는 길

김성환　서울대학교 국사학과에서 공부하다 1981년 교내 시위를 주동하여 제적, 구속되었습니다. 출소한 다음에도 민주화운동청년연합에서 전두환 정권에 저항하는 활동을 했습니다. 1995년 복학해 졸업했고, 〈한겨레〉 신문 지국 운영, 반민족문제연구소(현 민족문제연구소) 사무처에서 《친일인명사전》 편찬 작업을 했습니다. 그 뒤 출판사 편집자로 일하며 《역사신문》《세계사신문》《생활사박물관》 들을 기획 출판했고, 쓴 책으로 《악을 기념하라》《교실 밖 세계사여행》《키워드 한국사》가 있습니다.

지금은 남영동대공분실 인권기념관추진위원회 상임 공동대표로 한국의 독재 과거사 청산을 위한 기념관이 조성되도록 시민운동을 펼치고 있습니다.

나는 '남영동대공분실 인권기념관 추진위원회'라는 이름이 아주
긴 단체의 공동대표 중 한 사람입니다. 단체 이름이 길지만 글자
그대로 풀어 보면, 남영동대공분실이 있던 자리에 인권기념관을
만들려고 노력하는 사람들이 모였다는 뜻입니다.

2018년 1월에 만들었지만, 추진위에 참여하고 있는 단체가 여럿
있습니다. 박종철기념사업회, 김근태재단, 민청련동지회, 민주화
운동정신계승국민연대, 전국민족민주유가족협의회, KYC(한국청
년연합), 학림사건동지회, 무림사건동지회, 민청학련동지회……
이 단체는 모두 긴 역사를 갖고 있으며, 단체의 구성원들은 모두
이전 독재정권에서 일어난 국가폭력의 희생자이거나, 또는 피해

자와 직접 관련이 있습니다. 나도 국가폭력 피해자 가운데 한 사람입니다.

이 단체들은 남영동대공분실이 있던 자리에, 이곳에서 일어났던 국가폭력이 다시는 일어나지 않도록 다짐하는 기념관을 만들려고 모였습니다. 왜 이런 시민운동을 해 나갈까요? 여러분과 그 뜻을 나누어 보고자 합니다.

국가가 폭력을 휘두른다고요?

'국가폭력'의 말뜻은 글자 그대로 국가가 저지른 폭력을 말합니다. 그런데 국가가 국민에게 폭력을 휘두른다니, 상상하기 쉽지 않죠? 우리가 일상생활에서 겪는 폭력은 대개 개인과 개인 혹은 집단 사이에 이루어집니다. 국가가 그 구성원인 국민에게 폭력을 가한다는 것은 상상하기 쉽지 않습니다. 그러나 사실 국가는 일상적으로 폭력이라는 수단을 사용해 국가를 운영합니다. 이때 국가폭력을 허락받은 집단이 바로 군대와 경찰입니다.

군대는 우리나라를 침략해 온 외적에 맞서서 여러 가지 무기를 동원해 '폭력'으로서 대응합니다. 경찰은 법을 어기는 행동을 하는 위험한 범법자들을 '폭력'을 사용해 제압합니다. 경찰이 체포한 범인을 가두어 수사하는 것, 재판에 넘겨 처벌하는 것도 폭력에 해당합니다. 그러나 이 모든 폭력은 합법적인 폭력 즉, 국민이 스스로를 보호하려고 국가에 허락해 준 폭력입니다.

그러나 이 글에서 이야기하고자 하는 국가폭력은 합법적인 폭력은 아닙니다. 여러분과 함께 생각해 볼 것은 헌법과 법률을 위반한 폭력에 대한 것입니다. 국가가 허락되지 않은 폭력을 저지른다면요? 국가기관이 국민에게 불법으로 폭력을 가한다면 어떻게 될까요? 이를테면 수사기관이 구속영장이나 구인장 없이 국민을 연행하여 시설에 가두고 폭행과 고문을 가해 거짓 진술을 하게 만드는 것이 바로 전형적인 국가폭력입니다.

국가기관이 왜 이런 폭력을 휘두르는 것일까요? 정치적인 목적이 있기 때문입니다. 정치적인 목적을 가지고 국가폭력을 행사하는 국가는 독재자가 권력을 장악한 경우가 대부분입니다.

독재자들은 '종신 집권'을 바랍니다. 권력을 잡으면 권력에 취하고 결국 죽을 때까지 잡은 권력을 놓으려고 하지 않습니다. 왕조 국가에서 왕의 권력은 죽을 때까지 보장되지만, 근대 이후 민주 공화정 국가에서는 국민이 투표를 해서 국가의 최고 지도자를 뽑습니다. 일반적으로 임기는 정해져 있습니다.

바로 이 지점, 민주공화국에서 종신 집권을 바라는 독재자는 자신의 집권에 반대하는 세력과 반드시 마주치게 됩니다. 독재자는 종신 집권에 걸림돌이 되는 반대 세력을 제거하려는 욕망에 사로

잡힙니다. 처음엔 반대 세력을 회유하고, 그게 안 되면 협박하고, 그마저도 안 되면 사회로부터 격리시켜 일반 시민들과 접촉을 차단합니다. 이 과정에서 국가폭력이 사용됩니다.

국가폭력의 책임을 독재자 개인의 탓으로만 지울 수 있을까요? 그렇지 않습니다. 독재자 개인뿐 아니라 '군부'와 같은 특정집단이나 특정 정당도 종신 집권을 추구할 때가 있습니다.

미얀마에서는 1988년 민주화 운동으로 일인 독재가 불가능해지자 군부가 '국가발전평의회'라는 기구를 만들어 선거 때마다 다른 대통령을 내세워 군부의 장기 집권을 꾀했습니다. 2016년 아웅산 수치가 이끄는 민주 세력에게 정권을 넘겨준 뒤에도 '통합단결발전당'이라는 정당 조직을 통해 군부가 재집권하려고 했고요.

결국 2021년에 군부가 쿠데타를 일으켜 다시 권력을 장악했습니다. 미얀마는 일인 독재정권은 아니지만, 국가폭력이 가장 극심한 나라에 속합니다.

국가폭력의 단계, 회유와 협박 그리고 격리

독재 권력이 국가폭력을 행사하는 대상은 거의 틀림없이 독재에 반대하고 저항하는 개인과 집단입니다. 반대하는 세력이 점점 커져서 나중에 독재정권의 안위를 위협하는 수준으로 성장하기 전에 싹을 잘라 버리려는 것입니다.

이러한 국가폭력은 단계적으로 이루어지는데 그 첫 단계는 '회유'와 '협박'입니다. 처음에는 반대자들을 회유하거나 협박해 저항 의지를 꺾으려고 합니다. 당연히 회유와 협박을 위한 공간이 필요하겠지요. 합법적인 공간인 경찰서 취조실이나 정보기관 조사실에서는 불법적인 국가폭력을 마음껏 휘두르기 쉽지 않습니다.

박정희 군부독재 시절인 1960년대와 70년대에는 경찰이나 정보기관원이 여관이나 호텔 방을 빌려서 반대자들을 회유하거나 협박했습니다. 그러나 더 안정된 공간이 필요했습니다. 그래서 전국에 이른바 '대공분실'이 만들어집니다. 가장 잘 알려진 곳이 바로 서울 남영동에 있는 '치안본부 남영동대공분실'입니다.

2018년 민주화운동기념사업회가 조사한 바에 따르면 남영동대공분실이 만들어진 1976년부터 2002년까지 이 밀실에서 조사받고 기소된 사람은 372명입니다. 하지만 이 숫자가 전부는 아닐 것입니다. 앞으로 국가폭력 피해자에 대한 조사가 더 이루어진다면 훨씬 더 늘어날 거라 생각합니다.

그런데 여기에는 감추어진 숫자가 있습니다. 조사를 받고 기소되어 재판에 넘겨진 사람만 기록에 남습니다. 남영동에 끌려갔던 사람들의 진술에 따르면, 이곳에 끌려오면 입고 있던 옷을 다 벗기고 무조건 발로 차고 몽둥이로 때렸다고 합니다. 아무것도 묻지 않고 하루나 이틀 동안 죽지 않을 정도로 무섭게 때립니다. 그런 다음 작은 공간에 널부러진 연행자에게 조사관이 다가와 "항복하라"고 말합니다. 저항하지 말고 자기들이 시킨 대로 따르라는 뜻입니다. 남영동에 끌려온 사람들은 하나같이, 죽음의 그림자가 코앞에서 아른거리는 극한 상황에서 항복하지 않을 재주는 없었다고 말합니다.

이렇게 항복하면, 기소되어 재판에 넘겨진 사람들보다 훨씬 더 많은 사람들이 그냥 풀려났습니다. 아마도 조사관들은 연행자들의 '죄질'이 가벼워서 풀어 줬다고 말하겠지만, 다른 한편으로 연행자들은 더 이상 저항하지 않고 권력에 협조하겠다고 서약한 다음에야 풀려날 수 있었습니다. 풀려난 이들 가운데서 서약을 무시하고 권력에 계속 저항한 이들도 있었지요. 하지만 이렇게 끌려가서 폭력을 경험하고 나면 권력에 굴복하여 저항할 마음을 접는 이들이 더 많았습니다. 권력은 이렇게 자신의 의도를 이루었습니다.

회유와 협박이 안 통한다면 그다음 단계는 '격리'입니다. 나치 독일을 살펴볼까요? 나치 독일은 독일 곳곳에 강제수용소를 많이 세웠습니다. 가장 처음 만든 것은 1933년에 뮌헨 교외에 세운 '다하우 강제수용소'입니다. 흔히들 수용소가 유대인을 가둔 시설로 알고 있지만, 그것은 2차 세계대전이 일어난 다음 일입니다. 1933년부터 몇 년 동안 강제수용소는 나치 독재 체제에 저항하는 사람들, 주로 공산주의자와 사회주의 활동가들을 격리하여 가두는 시설로 이용되었습니다. 히틀러는 자신의 독재 권력에 도전하는 사람들을 없애려고 수용소에 격리시켰습니다.

우리나라에서는 1970년대 박정희 유신 체제와 전두환 정권에서 가장 혹독한 사회 격리가 이루어졌습니다. 체제에 저항하는 사람들을 일반 시민들로부터 오랜 기간 격리시키려고 감옥에 가두었습니다. 어떻게 가두었을까요?

죄를 만들어 내야 했습니다. 남북이 분단되었고, 서로를 죽이는 전쟁을 겪은 우리나라에서 가장 이용하기 좋은 죄목은 바로 '빨갱이'라는 딱지였습니다. 빨갱이가 아닌 사람을 빨갱이로 만들어야 하니 온갖 무리한 수법이 동원되었지요.

수사기관은 빨갱이로 만들기로 마음먹은 사람에 대해 신원 조회를 먼저 합니다. 가족과 친인척 가운데 북한과 관련된 사람이 있는가를 찾아보는 것입니다. 수사기관으로부터 무지막지한 고문을 당한 뒤 그것을 폭로한 김근태 이야기를 들어 본 적 있나요?

1985년 치안본부는 민주화운동청년연합 의장 김근태를 남영동 대공분실로 끌고 갔습니다. 십여 일 동안 물고문과 전기고문 등 온갖 고문을 해서 김근태의 '항복'을 받아 냈지요. 그 뒤에 국가보안법을 위반했다는 죄목으로 김근태를 감옥에 가두었습니다. 신문에 발표한 김근태의 혐의 중에는 "세 형 월북… 직업혁명가 자처"(조선일보 1985년 10월 30일)라는 대목이 나옵니다. 김근태는 형들과 나이 차이가 많이 나서 그가 아주 어렸을 때 월북한 형제가 어떤 사상을 가졌는지 전혀 알 수 없었습니다. 그러나 월북한 형을 두었다는 사실만으로도 김근태에게 빨갱이 혐의를 씌우기에 충분했습니다. 시간이 흘러 김근태에게 씌워졌던 이러한 '빨갱이 죄'는 고문으로 조작되었다는 것이 밝혀졌지요.

'국가보안법'이나 '간첩죄'를 적용할 때 가장 중요한 것은 자백입니다. 국가가 확보한 증거물이라고 해 봤자 김근태가 보았던 진보적인 책이나 대학가에 나돌던 유인물뿐이었으니까요. 그렇기 때문에 스스로 '나는 공산주의자다'라고 말하는 자백이 유죄 판결에 매우 결정적인 요소였습니다. 수사관들은 이 자백을 받아 내려고 죽음에 이르는 고문까지 가했습니다.

정부에 비판적인 사람을 사찰하고 조사하는 시설, '대공분실'

'고문'을 하려면 평범한 수사기관과 다른 시설이 필요했습니다. 고문을 하기 위해 마련한 시설을 '분실'이라고 불렀지요. 독재정권 시기에 정부 기관 가운데 세 곳이 국가폭력을 주로 행사했는데, 첫째로 '국가정보원'(처음은 중앙정보부, 그다음은 국가안전기획부로 바뀐 다음 현재 이름이 됨), 둘째로 '경찰'(1974년에서 1991년까지는 치안본부로 불림), 셋째로 '국군방첩사령부'(육군보안사령부, 국군보안사령부, 국군기무사령부, 국군안보지원사령부로 이름이 바뀌었다가 지금 이름으로 불림)입니다. 이 세 기관은 우리나라 곳곳에 분실을 두어 정부에 비판적인 사람들을 사찰하고 조사했습니다.

첫째, 국가정보원은 1970년대와 80년대(중앙정보부와 국가안전기획부 시기)에 서울 남산에 조사 시설이 있었습니다. 그 가운데 제6국인 대공수사국 건물에서 국가폭력을 동반한 조사가 주로 이루어졌지요. 그때 일반 시민들 사이에서 "남산에 간다"는 말은 곧 '중정 고문실'로 간다는 뜻으로 무시무시한 공포를 불러일으켰습니다.

시간이 흘러 2017년에 이 건물은 철거되었고, 흔적만 남은 빈터에 '기억6'이라는 빨간색 우체통을 닮은 작은 건물이 세워졌습니다. 건물 안으로 들어가면 벽면에 중앙정보부 시절 이곳에서 벌어졌던 국가폭력의 배경과 실상들을 영상으로 볼 수 있습니다. 지하에는 그 시절 조사실 한 칸을 그대로 보존하여 둘러볼 수 있도록 해 놓았습니다.

둘째, 경찰도 국가정보원과 마찬가지로 전국에 대공분실을 만들었는데, 서울에 만든 대표적인 시설이 '치안본부 남영동대공분실'이었습니다. 이곳은 1976년 당시 내무부 장관이었던 김치열이

국가폭력이 자행되던 건물 가운데 지금까지 유일하게 남아 있는
치안본부 남영동대공분실 ©김성환

우리나라의 대표 건축가 김수근에게 설계를 의뢰했습니다. 김수근은 의뢰한 사람의 요구에 충실하게 설계했고, 국가폭력에 아주 적합한 시설을 지었습니다.

특히 조사실이 있는 건물 5층을 살펴볼까요? 5층에는 조사실 열여섯 개가 있고, 방마다 딱 한 명을 수용하는 최소한의 공간에 변기, 욕조, 침대 그리고 철제 책상 한 개가 놓이도록 설계했습니다. 끌려온 사람들을 위한 편의 시설이었을까요? 그렇지 않습니다. 욕조는 물고문을 위한 시설이었고, 변기와 침대는 연행자가 이 방에서 감금된 채로 스물네 시간을 지낼 수 있도록 한 '배려'였습니다. 게다가 방에는 폭이 20센티미터 정도 되는 가늘고 긴 창이 나 있습니다. 그런데 이 창은 바깥세상을 보는 용도가 아니라, 끌려온 사람이 세상으로부터 얼마나 격리되었는지를 느끼며 좌절하게 만드는 용도였습니다.

조사실에는 그때는 최첨단 시설인 시시티브이(CCTV)를 천장 한쪽에 검은 유리로 가린 다음 설치했고, 천장 위에는 고성능 마이크를 숨겨 두었습니다. CCTV와 마이크를 통해 전해지는 조사 과정은 건물 3층에 마련된 모니터실에서 지켜볼 수 있었습니다. 수사관들이 얼마나 철저하게 조사하는지, 다시 말해 국가폭력을 어떻게 행사하는지 감시했던 것입니다. 반정부 활동을 하던 사람들에게는 '남영동'이라는 단어는 그 자체로 공포의 상징이었습니다.

마지막으로 1970년대와 80년대에는 '보안사'로 불렸던 국군방첩사령부에서 만든 시설을 살펴보겠습니다. 보안사는 군인을 수사하는 곳이므로 민간인을 조사할 권한이 없었습니다. 그러나 간첩을 수사한다는 명분으로 민간인들을 사찰하거나 조사했고, 전국에 분실을 두었습니다. 가장 악명이 높았던 곳은 서울 서빙고동에 있었던 '보안사 서빙고분실'이었습니다. 민주화 운동가들에게 "서빙고에 간다"는 말은 곧 이 '보안사 서빙고분실로 끌려간다'는 뜻으로 통했지요.

서빙고분실은 2층짜리 일반 주택을 바꾼 시설이었는데, 특히 2층에 '엘리베이터실'이라고 불린 곳이 가장 악명 높았습니다. 끌려온 사람은 철제 책상 앞 의자에 앉아서 조사를 받는데, 어느 순간 바닥이 갑자기 꺼지면서 1층으로 떨어지게 됩니다. 그러지 않아도 갖은 폭력으로 위축된 연행자는 별안간 1층으로 떨어지면서 혼비백산합니다. 이럴 때 조사관이 다가와 이렇게 말했다고 합니다.

"이건 아무것도 아니다. 여기서 지하 하수도관으로 떨어지는 장치도 있다. 그러면 너는 한강으로 떠내려가 죽는다. 네가 여기에 온 것을 아무도 모르니 우리 마음대로 할 수 있다."

대개 이 순간에 연행자는 항복을 하고 조사관들이 불러 주는 대로 순순히 자백을 하게 됩니다.

이 건물은 철거되었고, 그 자리에 대규모 아파트 단지가 들어섰습니다. 아무런 흔적도 남아 있지 않지요. 다만 이런 시설이 있었다는 사실을 적은 작은 동판이 땅바닥에 박혀 있을 뿐입니다.

남산의 대공수사국, 남영동대공분실, 보안사 서빙고분실……
국가폭력이 자행되던 건물 가운데 지금까지 유일하게 남아서 보존된 곳은 남영동대공분실입니다. 남영동대공분실은 1987년 1월, 서울대학교 학생 박종철 군이 끌려가 물고문을 받다가 사망해 국민들에게 널리 알려졌습니다. '박종철 고문치사 사건'이 도화선이 되어 6월 민주항쟁이 일어났고, 우리나라는 비로소 일인독재자 장기 집권 체제에서 벗어날 수 있었습니다.

민주화가 이루어지면서 경찰은 부끄러운 과거인 5층 조사실을 없애려고 했지요. 그러나 박종철의 아버지 박정기 씨가 온몸으로 막아 겨우 지켜 낼 수 있었습니다. 그러자 경찰은 조사실의 구조를 리모델링해서 국가폭력의 흔적을 지워 보려고 했지요. 이때도 박정기 씨는 아들이 죽은 509호실만은 그대로 두어야 한다며 끝까지 버텼고, 509호실만은 1987년 당시의 모습대로 보존되었습니다.

2018년, 6월 민주항쟁 31주년 기념식에서 당시 문재인 대통령은 남영동대공분실에서 경찰을 철수시키고, 이곳에 민주인권기념관을 만들겠디고 발표했습니다. 그 뒤로 남영동에는 한국 민주화 운동의 역사와 야만적인 국가폭력의 역사를 전시해 다시는 그러한 과거를 되풀이하지 말자는 교훈을 되새기는 기념관을 짓고 있습니다. 기념관은 2024년 6월 민주항쟁 기념식에 맞추어 문을 열 예정입니다.

국가폭력으로 죽음에 이른 임기윤 목사

고문이라는 국가폭력이 벌어지는 까닭은 국가폭력을 당하는 당사자 한 사람의 정치적 활동 때문이 아닙니다. 권력자는 특정한 정치 상황 속에서 국가폭력을 기획하는 것이 일반적입니다.

1980년 7월 21일 낮 12시 25분, 부산의 감리교 목사 임기윤 씨가 '삼일공사'라고 불리던 보안사 부산지구대 조사실에서 조사를 받다가 쓰러졌습니다. 병원으로 옮겨져 치료를 받았지만 일주일이 채 지나지 않은 7월 26일 사망했습니다. 병원에서 밝힌 사망 원인은 뇌내출혈이었지요.

임기윤 목사는 이보다 앞서 '계엄 포고령 위반 혐의'로 조사할 것이 있으니 보안사 부산지구대로 나오라는 통지를 받고, 7월 19일 오전에 부산시 남구 망미동에 있던 이른바 삼일공사에 출석했습니다.

보안사 부산지구대는 부대 이름을 쓰지 않았습니다. 대신 '삼일 공사'라는 가짜 간판을 사용했고, 부대장은 명함에 계급을 쓰지 않고 '삼일공사 대표'라는 가짜 신분을 써, 부대 위치와 신분을 철저하게 숨겼습니다. 부산에서는 삼일공사가 서울의 남산, 남영동, 서빙고에 견줄 정도로 공포의 대상이었지요.

삼일공사는 출석한 임기윤 목사가 입고 온 옷을 벗기고 계급장이 없는 군복으로 갈아입힌 다음 지하 조사실로 데려갔습니다. 임기윤 목사는 평소 부산 지역에서 유신에 반대하는 목소리를 내 왔고, 특히 그해 5월에 있었던 광주사태(1997년부터 정부가 공식적으로 '5·18광주민주화운동'으로 부르기 시작함)와 관련하여 전두환 신군부 세력을 비판해 온 진보적인 성직자였습니다.

보안사 조사관은 임 목사에게 김대중과의 관계를 캐물었습니다. 임 목사는 김대중이라는 정치인을 지지하기는 했지만, 개인적인 관계는 없었습니다. 그래서 김대중과 관계를 강력하게 부정했습니다. 임 목사가 쓰러지기 직전 조사관과 나눈 대화는 이러했다고 합니다.

"종교 활동은 위장이고 실제로는 빨갱이 활동을 한 것이 아니냐, 성직자라는 사람이 교단이나 지키고 하나님이나 잘 모실 것이지 왜 정치를 하느냐."

"당신 말 잘했다. 군인이란 신성한 국토를 수호하는 것이 주어진 의무인데 그 직분을 이탈해서 정치에 관여하여 우리를 이 꼴로 만드는 거냐."

"허어, 이거 조사가 안 되겠네."

이 대화 앞뒤로 임기윤 목사에게 어떠한 고문이 가해졌는지는 밝혀지지 않았습니다. 그러나 몸에 직접 가한 고문이 없었다고 해도, 이러한 대화 내용만으로도 임 목사에게는 엄청난 스트레스와 압박이 되었을 것입니다.

보안사는 왜 임기윤 목사 같은 사람을 불러서 조사를 했을까요? 임기윤 목사 개인의 문제 때문이 아니라, 1980년 5월 광주사태가 벌어진 뒤의 정치 상황이 임기윤이라는 희생자를 발생시켰다고 할 수 있습니다.

당시 정치 상황을 거슬러 올라가 보겠습니다. 1979년, 유신 독재자 박정희는 본인이 믿던 심복 중의 심복인 김재규 중앙정보부장에게 죽임을 당했습니다. 그토록 단단해 보였던 유신 체제가 하루아침에 무너져 버렸지요. 그런데 박정희의 또 다른 심복이 스스로 박정희의 후계자라고 나섰으니, 그 사람이 바로 전두환 보안사령관이었습니다. 전두환은 박정희 살해 사건을 수사하면서 정권을 장악합니다. 1979년 12월 12일, 군 최고 지휘관인 육군참모총장 정승화를 제거하고 군부를 평정했습니다.

전두환이 전면에 드러나자 야당은 물론 대학생들이 격렬하게 반대에 나섰지요. 군부는 정치에 개입하지 말라고 요구했습니다. 전두환은 권력을 잡기 위해 이들의 반대를 사회 혼란으로 몰아붙이고 계엄령을 강화해 반대 세력을 억눌렀습니다. 그러나 18년이라는 오랜 기간 동안 박정희 독재 정권에 시달린 국민들도 만만치 않았습니다. 시민들이 가진 민주주의를 향한 열망과 전두환 정권의 세력 사이에 큰 충돌이 벌어졌습니다. 그것이 1980년 5·18광주민주화운동입니다.

전두환은 광주에 공수부대를 보내 진압했습니다. 광주가 피로 물들었습니다. 한국전쟁 이후 벌어진 최악의 민간인 학살이었습니다. 광주사태는 잠재웠지만, 국민이 흘린 피를 묻힌 채 권력자로 나서는 것은 전두환에게도 께름칙한 일이었습니다.

전두환은 이러한 상황을 돌파할 정치적인 기획이 필요했습니다. 가장 손쉬운 방안은 광주사태를 '북한의 소행'으로 몰아붙이는 것입니다. 그래서 광주사태가 벌어지던 중인 5월 24일 서울에서 광주사태를 지원하기 위해 남파된 간첩을 검거했다는 발표를 하기도 했습니다. 하지만 이는 꾸며 낸 거짓이라는 것이 나중에 밝혀졌고, 국민들도 케케묵은 반공 선동에 속아 넘어갈 만큼 어리석지 않았습니다. 물론 광주에 북한군 수백 명이 침투했다고 주장하는 이들이 지금까지도 있지만, 이 말을 믿어 주는 국민은 거의 없습니다.

전두환은 그보다 더 그럴듯한 시나리오를 기획합니다. 바로 광주 출신 정치인인 김대중이 광주사태를 일으켜 권력을 잡으려고 했다는 시나리오입니다. 이것이 이른바 '김대중 내란음모 사건'입니다. 광주민주화운동이 5월 27일에 최종 진압된 뒤, 전국에서 민주화를 요구했던 정치인, 지식인, 문인, 학생 운동가들을 붙잡아 들였습니다. 전국의 계엄사 합동수사본부에 끌려간 그들은 혹독한 고문을 당하며 김대중과 연결 고리가 있다는 것을 인정하라는 요구를 받았습니다. 부산에서도 수십 명이 보안사에 불려가 조사를 받아야 했지요. 앞서 말한 임기윤 목사도 이 가운데 한 명이었습니다. 김대중과 아무 관계도 없는 임 목사는 '김대중 내란음모 사건'에 가담했다고 인정하라며 강요받다가 불의의 사고로 목숨을 잃게 된 것입니다.

임기윤 목사의 죽음에 대하여 정부는 '조사 중 고혈압으로 인한 병사'라고 주장하며 국가폭력을 인정하지 않았습니다. 20년이 지난 뒤 의문사진상규명위원회가 구성되고 나서야 비로소 임 목사의 죽음을 조사하게 되었습니다. 2001년에 위원회는 "민주화 운동 과정에서 위법한 공권력의 행사로 사망하였다고 인정"했지요. 20년 만에 정의가 실현된 것입니다.

임 목사 사건뿐만 아니라 전국의 대공분실에서 일어난 수많은 국가폭력은 모두 특정한 정치적 목적을 이루기 위해 이루어졌습니다. 1973년 10월 18일, 서울대학교 법대 최종길 교수가 중앙정보부에서 조사를 받다가 사망했습니다. 이 또한 유신 체제 저항운동의 배후에 북한이 있다며 간첩 사건을 조작하다가 일어난 고문치사 사건이었습니다.

1987년 서울대학생 박종철이 치안본부 남영동대공분실 509호에서 물고문을 받다가 사망한 사건도 마찬가지입니다. 당시 전두환 정권이 간선제로 선출하는 대통령 선거를 국민의 직접 선거 즉, 직선제로 바꾸라는 여론을 잠재우기 위해 또 하나의 용공 사건을 조작하다가 벌어진 사건입니다.

국민들에게 널리 알려지지 않은 많은 용공 사건, 간첩 사건들이 이러한 과정을 거쳐 만들어졌습니다. 독재정권은 간첩 사건을 조작할 때 무궁무진한 보물단지(?)를 발견했습니다. 바로 재일동포들입니다. 이들은 일본에서 북한 관련 단체인 조총련(재일본 조선인 총연합회)과 일상적으로 만나기 때문입니다. 또 납북 어부들도 있습니다. 북방 한계선 부근에서 고기잡이를 하다 북한에 납치된 그들이 북한에 머무는 동안 간첩 교육을 받았다고 조작하기에 아주 편리한 대상이었습니다. 한국전쟁 기간 동안 납치되거나 스스로 북으로 간 사람의 가족 중 남한에 남아 있는 친인척 또한 간첩 조작의 대상이 되었습니다.

이처럼 한국전쟁으로 분단된 현실은 정치적으로 필요할 때마다 정권의 입맛에 맞게 조작하고 희생시킬 수 있는 사람들이 너무나 많았습니다.

공공연하게 벌어지는 국가폭력, 그런 게 있을까?

지금까지 설명대로라면, 국가폭력은 특정한 사람이나 특정 집단에게만 행해지는 것으로 생각하기 쉽습니다. 하지만 국가폭력은 반드시 대공분실 같은 밀실에서 특정한 사람에게만 행사된 것은 아닙니다. 전 국민을 상대로 하는 국가폭력도 있습니다. 매우 놀라운 이야기죠?

지금은 그러지 않지만, 가장 대표적인 것으로 '국민교육헌장'을 외우라고 강요하는 일입니다. 1968년 12월 5일, 박정희 대통령은 국민교육헌장을 발표했습니다. 그 뒤로 중등 교과서를 펼치면 바로 첫 쪽에 이 헌장이 실렸고 학생들은 국민교육헌장 전문을 외워야 했습니다.

"우리는 민족중흥의 역사적 사명을 띠고 이 땅에 태어났다."

국민교육헌장의 첫 문장입니다. 무언가 국가주의적 냄새가 물씬 느껴지죠? 박정희 대통령은 일제강점기에 교육을 받았고, 그 뒤로 교사로 일했으며, 일본 육군사관학교에 입학한 이력이 있습니다. 그래서 박정희 대통령이 만든 국민교육헌장은 일본 메이지 천황의 '교육칙어'를 따라 한 것이라는 말도 있지요. 메이지 천황의 교육칙어는 일본을 군국주의 사회로 이끌었으니, 국민교육헌장도 비슷할 것입니다. 또 국민교육헌장 가운데는 이런 대목이 있습니다.

"나라의 융성이 나의 발전의 근본임을 깨달아, 자유와 권리에 따르는 책임과 의무를 다하며, 스스로 국가 건설에 참여하고 봉사하는 국민정신을 드높인다."

학생들에게 이 전문을 달달 외우게 해서 국가주의로 길들이겠다는 목적이 보입니다. 거기에다 "반공 민주 정신에 투철한 애국애족이 우리의 삶의 길"이라며, 반공주의도 강조했지요.

대통령이 이러한 헌장을 발표하는 것은 대통령에게 허용된 정치적 권한이라고 볼 수도 있습니다. 그러나 그 헌장을 초중등 학생들에게 외우라고 강요하는 것, 일상적으로 외운 것을 확인하고, 외우지 못하면 때리는 일은 국가폭력입니다. 나도 초등학교 4학년 때 국민교육헌장을 제대로 외우지 못한다고 담임선생님에게 지휘봉으로 손바닥을 맞았던 기억이 남아 있습니다.

박정희 정권은 국민들의 몸과 입는 옷도 규제했습니다. 1970년대에는 미국과 유럽 젊은이들에게 히피 문화가 널리 유행했습니다. 우리나라 젊은이들도 히피 문화를 받아들이고 따라 하는 것이 유행이 되었지요. 대표적인 것이 남성들은 머리카락을 여자처럼 길게 기르는 '장발'이, 여성들에게는 무릎 위로 올라간 짧은 치마를 입는 게 유행처럼 번졌습니다.

정부는 남성의 머리카락이 귀를 덮을 만큼 길면, 길거리에서 단속해서 바로 파출소로 끌고 가 머리카락을 가위로 잘라 버렸습니다. 미니스커트를 입은 여성이 있으면, 길거리에서 무릎에 자를 갖다 대고 치마 길이가 얼마만큼 짧은지 재 보았습니다. 규정에 어긋나면 경범죄로 처벌했지요. 밀실이 아니라, 일상생활이 이루어지는 길거리에서 국가가 사람들의 머리카락 길이를 단속하고 짧은 치마를 입지 못하게 했다니, 지금이라면 상상이나 할 수 있을까요?

정부는 젊은이들이 이러한 서구 문화를 따라 하게 되면 우리나라의 미풍양속을 해칠 수 있다는 구실로 단속을 했습니다. 그러나 정권의 속마음은, 젊은이들이 받아들이는 서구 문화와 함께 자유와 민주의 이념도 들어오고 그것이 독재정권을 위협할까 봐 두려웠던 것입니다.

박정희 정권은 여기서 더 나아가서 젊은이들이 즐겨 듣거나 따라 부르는 노래도 검열했습니다. 조금이라도 정치적 의도가 엿보인다고 의심되는 노래는 텔레비전이나 라디오 방송에 나오지 못하도록 했습니다. 텔레비전에 출연하는 연예인들의 머리색깔이나, 노출이 심한 무대의상을 공공연하게 단속하는 일은 1990년대까지도 이어졌습니다.

정부를 조금이라도 비판하는 내용이 담긴 책은 출판하지 못하게 금지했지요. 헌법에 보장된 표현의 자유, 언론과 출판의 자유를 억압한 이러한 행위들도 모두 국가폭력입니다.

그렇다면 국민교육헌장을 외우지도 않고, 머리카락 길이나 치마 길이를 단속하지 않으며, 대공분실도 모두 사라진 바로 지금, 국가폭력은 이제 과거의 유물일 뿐일까요? 불행하게도 그렇지 않습니다. 2023년에 우리나라 길거리에서 대중들에게 흉기를 휘둘러 사람을 다치게 하거나 죽게 하는 사고가 여러 번 벌어졌습니다. 이런 사고들이 연달아 이어져 시민들이 불안에 떨자, 정부가 내놓은 대응들이 과거를 떠올리게 합니다.

한번 살펴볼까요? 경찰은 먼저 '불심검문'을 강화하겠다고 했습니다. 불심검문이란 경찰이 범죄가 의심되는 사람에게 다가가 신분증을 확인하고, 가방 안에 어떤 물건을 가지고 있는지 검사하겠다는 것을 말합니다. 이는 법으로 허용된 경찰이 권한이지만 세세한 절차로 규정되어 있고, 특히 당사자가 거부한다면 경찰은 강제할 수 없습니다.

그러나 독재정권 시기에 경찰은 시위를 방지한다는 목적으로 절차를 무시하고 함부로 강제 불심검문을 하는 일이 많았지요. 21세기도 한참 지난 요즘이지만, 만약 중무장한 경찰이 길거리에서 갑자기 막아선 다음 가방을 열어 보라고 한다면 어떨까요? 보통은 위축되어서 그 말에 따르게 될 것입니다. 이런 일이 되풀이되면 공권력이 시민을 상대로 제멋대로 국가폭력을 행사하는 상황으로 발전할 수 있습니다.

무차별 흉기 난동을 막겠다는 목적으로 길거리에 총기로 무장한 특공경찰과 장갑차를 배치했습니다. 흉기 난동은 벌어지지 않을 것이므로 마음 놓을 수 있을 것입니다. 그러나 그 둘레에서는 시민들이 자유로운 분위기에서 정치적 발언을 하거나, 시위를 벌이기에는 상당히 위축된 공간이 될 것입니다. 국가의 물리력이 공포 분위기를 만들어 내고 있기 때문입니다. 이 또한 넓은 의미에서 국가폭력에 해당할 수 있습니다.

오늘날 과거와 같은 일상생활 공간에서의 국가폭력, 밀실에서 신체와 정신에 직접 가해지는 고문은 볼 수 없습니다. 하지만 아주 사라진 것은 결코 아닙니다. 우리가 주의를 기울이지 않는다면 언제라도 국가폭력이 다시 나타날 수 있습니다. 국가폭력이 없는 사회를 원한다면 그것을 경계하는 마음가짐을 늦추지 말아야 합니다.

국가폭력이 되풀이되지 않게 하기 위해 '기억문화'를 만들자

국가폭력을 막으려면 어떻게 해야 할까요? 이 글의 맨 처음에 말했듯이 국가폭력은 대개 독재정권이 행사합니다. 독재정권이 없다면, 심각한 수준의 국가폭력은 없다고 말할 수 있습니다. 따라서 독재정권이 이 땅에 다시는 발붙이지 못하게 하는 것이 국가폭력을 예방하는 해결책입니다. 다시 말해, '민주주의를 잘 가꾸어 나가야 한다'는 말과 같습니다.

독재정권을 법률이나 헌법으로 막을 수는 없습니다. 독재정권은 헌법을 어기고, 법률을 무시하면서 등장하기 때문입니다. 그래서 우리는 독재정권이 나타나지 않도록 항상 감시하고, 작은 기미에도 예민하게 반응해야 합니다.

독일 사람들은 나치 정권의 국가폭력을 경험한 뒤, 해결책으로 '기억문화'라는 것을 만들어 냈습니다. 나치 체제를 단순히 지나간 과거의 일로 여길 때 오히려 나치의 망령이 현실에서 되살아나는 것을 깨달았기 때문입니다. 따져 보면 나치 체제가 과거의 역사인 것은 분명하고, 독일에서 또다시 과거와 똑같은 나치 체제가 되살아날 가능성은 별로 없습니다. 그러나 과거의 나치가 21세기 유럽 사회에서 달라진 모습으로 재탄생할 가능성은 늘 있습니다. 오늘날 독일에서는 그것을 '네오나치'라고 부르고 있고, '독일을 위한 대안(AfD)'이라는 정당의 형태로 성장하고 있습니다.

옛 중앙정보부 6국 터에 세워진 인권기념관 '기억6' ©김성환

따라서 독일 사회는 과거에 나치가 저지른 만행 그 자체를 단순히 기억하는 것에만 그치지 않습니다. 나치가 어떠한 사회적 맥락 속에서 만들어졌는지 성찰하고, 오늘날 독일 사회에는 국가폭력 체제가 움틀 요소가 없는지 다양한 각도에서 살펴보는 일을 합니다. 이런 일들을 뭉뚱그려 기억문화라고 부릅니다. 기억은 과거를, 문화는 미래를 지향합니다. 그래서 기억문화는 과거에서 미래로 이어지는 하나의 흐름이기도 합니다.

　우리나라에는 왜 기억문화가 만들어지지 않았을까요? 안타까운 일이지만 국가권력이 기억문화 자체를 억압했기 때문입니다. 1997년 제7차 교육과정 개정이 있기 전까지 중고등학교의 국사 교육에서 근현대사 교육을 가르치는 비중은 고대사와 조선시대사에 견주어 매우 적었습니다. 그러다 보니 근현대사 시기에 일어났던 많은 국가폭력 사건을 다룰 수 없었습니다.

　이를테면 1950년 6월 25일, 북한의 전격적인 남침으로 한국전쟁이 일어난 다음부터, 남한 곳곳에서는 북한군이 오기도 전에 엄청난 비극이 벌어졌습니다. 국군과 경찰은 북한군에 밀려 후퇴하면서 이른바 '보도연맹'에 등록돼 있던 사람들과 교도소에 갇혀 있던 사상범들을 말 그대로 '처형'했습니다. 보도연맹에서 '보도'란 '보호'와 '인도'의 첫 글자를 합친 것인데, 해방 이후 좌우 이념 대립이 극심했던 시기에 좌익에 가담했던 전력이 있거나 그 가족들을 분류해 공안 기관에서 관리하고 있었습니다. 후퇴하던 국군은 북한군이 내려왔을 때 이들이 북한군을 지원하고 도와줄 것으로 보고 싹을 자르기 위해 죽였던 것이지요.

지금까지 경기도 고양의 금정굴, 대전 산내 골령골, 대구 가창골…… 집단학살이 벌어졌던 곳이 밝혀졌습니다. 2001년에 나도 〈월간 말〉이란 월간지 기자로 경북 경산 코발트 광산 학살지를 발굴한 적이 있습니다. 날씨도 유독 차가웠던 겨울철 1월에 동네 어르신들에게 수소문해서 알아낸 옛 코발트 광산의 어두컴컴한 갱도를 걸어 들어가다가 산더미처럼 쌓인 인간 유골들을 발견하곤 온몸에 소름이 끼쳤던 기억이 지금도 생생합니다.

정부의 공식적인 조사가 없어서 정확한 수치는 알 수 없지만, 1950년 6월에서 8월 사이에 북한군이 진입하기 이전에 국군에게 희생된 이러한 무고한 희생자는 20만 명이나 된다는 주장도 있습니다. 영어로 제노사이드(GENOCIDE)라고 부르는 집단학살이었습니다. 국사 교과서에 단 몇 줄로 서술된 현대사 속에 이러한 사건이 기술될 여유는 없었겠지요. 앞서 살펴봤던 독재정권에서 벌인 국가폭력 사건들 또한 같은 운명으로 교과서에 실릴 수 없었습니다.

아마도 국가권력이 학교에서 현대사를 가르치지 않으려고 하거나, 최소한으로 제한하려 한 것은 바로 이러한 국가폭력에 대한 기억을 가능한 한 없애려고 하는 목적이 있었을 것입니다. 과거에 일어났던 '사실'을 알지 못하는데, 어떻게 '기억'할 수 있을까요? 따라서 과거사를 알려고 노력하는 것, 그것을 기억하려고 하는 것이 곧 국가폭력 없는 민주주의를 이루는 길입니다.

민주주의는 나무와 같아서 끊임없이 관심을 갖고 돌보지 않으면 기형으로 자랄 수도 있고, 말라 죽을 수도 있습니다. 민주주의 나무가 병들면 그 자리에 국가폭력이라는 독버섯이 자라납니다. 남영동대공분실이 보존된 그 장소에 마련될 기념관이 '기억문화'의 중심이 되어, 우리 사회가 국가폭력이 없는 곳, 어두움이 아닌 밝음을 향해 나아가도록 하는 소중한 장소가 되기를 기원합니다.

청소년을 위한 인권 수업

내가 살아가는 공간에서 일어나는 차별과 혐오

2023년 11월 13일 1판 1쇄 펴냄
2024년 6월 5일 1판 3쇄 펴냄

글 박혜영, 천선영, 김희교, 강제숙, 김성환
편집 김누리, 김성재, 이경희, 임헌 **디자인** 페이퍼컷 장상호
제작 심준엽 **영업마케팅** 김현정, 심규완, 양병희 **영업관리** 안명선
새사업부 조서연 **경영지원실** 노명아, 신종호, 차수민
인쇄와 제본 (주)상지사P&B

펴낸이 유문숙 **펴낸 곳** (주)도서출판 보리
출판등록 1991년 8월 6일 제9-279호
주소 (10881) 경기도 파주시 직지길 492
전화 031-955-3535 **전송** 031-950-9501
누리집 www.boribook.com **전자우편** bori@boribook.com

ⓒ 강제숙, 김성환, 김희교, 박혜영, 천선영, 2023

이 책의 내용을 쓰고자 할 때는, 저작권자와 출판사의 허락을 받아야 합니다.
잘못된 책은 바꾸어 드립니다.
값 15,000원

보리는 나무 한 그루를 베어 낼 가치가 있는지 생각하며 책을 만듭니다.

ISBN 979-11-6314-329-1 43300